아산재단 연구총서 第243집

인터넷과 한국정치:
정당정치에 대한 도전과 변화

강원택

집문당

머리말

아리스토텔레스가 인간을 정치적 동물이라고 칭한 것은 인간의 삶 속에서 정치가 분리될 수 없음을 지적한 것이다. 그러나 우리나라에서 일반 국민들의 인식 속에 정치는 나의 삶으로부터 너무 멀리 떨어져 있고 다가서기 어렵거나 혹은 개인의 일상생활과 무관한 것으로 받아들여지고 있다. 일상적인 삶 속에서 '사소한' 형태로 자신이 행하고 있는 정치활동을 스스로 인식하지 못하고 있는 것이다.

인터넷 등장 이후 우리 일상생활의 많은 영역에 커다란 변화가 생겨났다. 경제활동, 친교, 의사소통, 금융거래, 문화활동, 여가생활뿐만 아니라 글 쓰는 방식이나 사용하는 언어조차 인터넷을 사용하면서 변화했다. 이처럼 우리 삶의 모습을 가히 혁명적으로 바꿔놓았지만 많은 사람들은 인터넷이 정치활동에도 영향을 미치고 있다는 사실을 제대로 인식하지 못한다. 더욱이 자신들이 인터넷을 통해 이전보다 더욱 적극적이고 다양한 방법으로 정치에 참여하게 되었다는 사실도 인지하지 못하는 경우가 많다. 그 까닭은 너무나 친숙한 소통 수단이며 놀이 도구인 인터넷이 '내 일상으로부터 멀리 떨어져 있고 내용도 무겁고 재미없는' 정치와 연계될 수 있을 것이라는 생각을 하기가 어렵기 때문일 것이다.

이 책은 바로 이러한 문제의식의 소산이다. 정치는 마치 공기처럼 그 존재를 의식하든 의식하지 못하든 삶의 곳곳에 배어 있으며 누구나 일상 속에서 정치적 행위를 하고 있다는 사실로부터 이 책은 출발한다. 그 때문에 여기서는 인터넷에 글을 올리거나 댓글을 달거나, 싸이월드 미니홈피를 방문하거나, 패러디를 만들어 올리는 것과 같은 인터넷 공간 내에서의 평범한 활동이 정치적으로도 중요한 의미를 갖는다는 사실에 주목한다.

인터넷에서의 이러한 '사소한' 활동이 정치적인 의미를 갖는다는 것은 의외의 주장으로 받아들일지도 모른다. 우리가 인터넷의 정치적 효과에 대해 인식하게 된 것은 2002년 여중생 사망사건을 계기로 한 촛불집회 때이다. 당시 엄청난 규모의 인원이 모였던 촛불집회의 성공은 인터넷이 없었다면 생각하기 어려운 것이었다. 또한 2002년 대선에서 인터넷을 적극 활용한 노무현 후보의 당선 역시 인터넷의 정치적 위력에 대한 '신화'를 만들었다. 그러나 그와 같은 대규모의 극적인 사건이 아니더라도 평범한 일상생활 속에서 '사소해 보이는' 인터넷의 활용이 정치참여의 특성과 모양을 바꿔 놓고 있다는 사실을 이 책에서 보여 주고자 한다.

특히 여기서는 일상생활 속에서 나타나는 인터넷을 통한 정치참여가 정당정치에 의미심장한 변화를 이끌고 있는 사실을 강조하고자 한다. 정당정치에 주목한 까닭은 근대 이후 지금까지 시민사회와 국가를 이어 주는 매개체의 역할을 해 온 정당이 인터넷 등장 이후 이전과는 근본적으로 다른 새로운 환경에 직면하게 되었으며 정치체계 내의 위상과 기능의 변화도 나타나고 있기 때문이다. 이러한 변화는 안 그래도 취약한 우리나라 정당정치를 더욱 약화시킬 수 있다는 점에서 매우 우려되는 일이다. 이 때문에 인터넷이 이끄는 정치참여의 변화된 특성과 효과에 대해 살펴봄으로써 우리 정당정치의 문제점을 진단하고 새로운 환경 속에서 제도적 대응력을 갖도록 일깨우고자 했다. 건강한 정당정치의 복원은 우리 민주주의의 발전과 심화를 위해 필수적인 조건이라고 믿고 있기 때문이다.

이 책을 쓰면서 적지 않은 분들께 커다란 마음의 빚을 졌다. 정보사회의 정치 현상에 대해 연구하는 모임인 IT정치연구회는 언제나 새롭고 유익한 프로그램을 통해 연구 수행에 많은 도움을 주었다. 모든 회원님들께 감사드린다. 그리고 유석진 · 윤성이 교수, 이원태 · 송경재 · 장우영 · 조희정 박사는 여러 차례의 공동 작업을 통해 귀중한 정보를 공유할 수 있게 해 주었고, 여러 가지로 부족한 필자에게 많은 지식과 아이디어를 제공해 주었다. 이 자리를 빌려 특별한 감사를 드린다. 한편, 오래전부터 이 연구 작업을 구상했지만 아산사회복지재단의 지원이 없었다면 수행할 수 없었을 것이다. 연구비를 지원해 준 재단에 감사드린다. 또한 책이 출간될 수 있도록 도와주고 꼼꼼하게 편집과 교정을 해 준 집문당출판사 조서영 씨에게도 고마운 마음을 전한다.

이 책을 내면서 여러 가지로 부족하다는 생각이 들어 사실 주저하는 마음이 많았다. 그러나 두려워 머뭇거리기보다는 첫발을 내딛는 것이 중요하다는 마음으로 감히 이 책을 내기로 했다. 많은 분들이 널리 헤아려 주시길 바라고, 바로잡도록 꾸짖고 깨우쳐 주신다면 큰 도움이 될 것이다.

2007년 여름을 맞이하며

차 례

제 1 장 서 론

제 2 장 기존 논의의 검토

제 3 장 분석틀

제 4 장 인터넷과 정치적 집단의 형성: 인물 중심의 결집

제 5 장 롱테일의 정치: 이슈의 파편화와 개인주의

제 6 장 놀이와 정치: 감성의 정치

제 7 장 정당체계의 유동성과 대안적 매체를 통한 참여

제 8 장 결 론

표 차례

그림 차례

제 1 장

서 론

1. 인터넷이 바꾸는 정치
2. 정당은 쇠퇴하는가
3. 중범위 수준의 연구

제1장 서 론

1. 인터넷이 바꾸는 정치

인터넷이 세상을 바꾸고 있다. 인터넷의 등장은 쇼핑, 놀이, 언론, 의사소통과 같은 일상생활뿐만 아니라 정치적으로도 매우 중요한 매체가 되었다. 인터넷이 정치적으로 활용되면서 정치적 의사표현이 활발해지고 또 참여의 폭도 크게 확대되었다. 인터넷은 다른 매체와는 달리 정보획득과 정치참여의 비용이 거의 들지 않기 때문에 신속하고 용이하게 정치적 정보를 획득하고 전파할 수 있으며 여론을 형성하거나 온라인상에 집단을 결성하는 일도 어렵지 않게 되었다. 우리가 이미 경험한 대로 인터넷은 수십만의 사람들을 한곳에 불러 모을 수 있는 '막강한' 정치적 동원력도 갖고 있다. 유석진(2002: 13)이 적절하게 지적한 대로 "우리가 지금의 시점에서 정보화 혹은 정보화 사회를 운위하게 되는 이유는, 정보 자체의 개념이 바뀌었기 때문이 아니라, 정보가 차지하는 역할과 중요성, 그리고 정보가 유통되는 방식이 그 이전 시기와 엄청나게 달라졌기 때문일 것이다. 즉 정보의 생산과 소비 그리고 유통 방식이 변모한 것이다."

이런 이유로 인해 인터넷을 통한 정치참여의 확대가 몰고 올 새로운 유형의 민주주의 등장 가능성에 대한 논의가 활발하다. 인터넷의 정치적 활용에 대한 가장 이상적인 전망은 인터넷의 발달이 시간, 공간의 제약을 뛰어넘어 모든 시민이 정치적 이슈에 대한 토론과 정책결정 과정에 참여할 수 있는 직접민주주의의 가능성을 제시하고 있다는 점일 것이다. 쌍방향 커뮤니케이션, 실시간 교류, 또한 시공간상의 제약을 극복할 수 있다는 인터넷의 특성이 직접민주주의의 이상을 실현할 수 있다는 희망을 준 것이다. 비록 고대 그리스 도시국가와 같은 직접민주주의의 구현까지는 아니더라도 "전자매체, 전자네트, 전자공간이 마련되면서 시민들은 기존의 대의제 민주주의가 안고 있는 문제점을 개선하고 보완할 수 있는 수단을 갖게 되었으며 시민사회의 정치투입과 산출을 확대 강화시키면서 결사체 민주주의를 활성화시키고 있고, 전자공간을 통한 공론장의 확대로 심의민주주의를 위한 수단을 제공"(임혁백, 2001: 20)하게 되었다는 심의민주주의 발전에 대한 기대감도 가능하게 한다. 정보화로 인해 "엘리트 중심적 대의민주주의에서 벗어나 모든 시민들이 자유롭고 동등하게 참여하는 실질적 참여민주주의를 구현"(김용철 · 윤성이, 2005: 298)할 것이라는 지적 역시 마찬가지의 기대감을 표현한 것으로 볼 수 있다.

이러한 기대감의 근원은 정치체계적인 관점에서 볼 때 인터넷을 통해 시민과 국가의 '직접적 연계'가 가능해졌다는 점이다. 직접민주주의의 등장 가능성이나 결사체 민주주의에 대한 전망이 제기되는 것도 중간의 매개적 기구의 도움이나 개입 없이도 인터넷을 통해 정치적 참여나 의사소통이 가능해졌기 때문이다. 정당, 언론, 시민단체 등 정치체계 내에서 '전통적으로' 시민사회와 국가를 연계하는 역할을 담당해 온 중간매체를 우회하여 직접적인 정치적 의사표현과 의사소통이 가능하게 된 것이다. 즉 정당이 없어도 정치적인 의사표현을 하고 정치적 행위에 참여하는 것이 얼마든지 가능한 세상이 된 것이다. 시간, 공간의 제약을 받지 않으며 쌍방향 소통이 가능하다는 점, 신속하면서도 정치참여의 비용이 크게 들지 않는다는 점에서 인터넷을 통한 정치참여는 기존의 대의제 방식보다 오히려 편리하고 효율적인 것으로 받아들여지기도 한다. 실제로 2002년 대통령 선거 과정에서 노사모의 눈부신 활약이나 여중생 사망 사건 관련 촛불집회 등을 통해 인터넷이 정치적으로 미칠 수 있는 위력을 우리는 이미 실감한 바 있다. 인터넷이 정당 등 기존 정치조직의 개입 없이도 수많은 시민들을 정치적으로 이끌어 낼 수 있는 매우 효율적인 수단이라는 사실이 입증된 것이다.

그러나 이러한 특성은 전통적으로 정치체계 내에서 정치적 소비자와 공급자를 연계하는 매개적 역할을 해 온 정당의 입장에서 볼 때는 그 위상이나 역할과 관련하여 심각한 도전에 직면하게 된 것이다. 인터넷으로 인해 정당의 '고유한' 역할과 기능은 이전에 비해 줄어들게 되었고 정치체계 내에서 차지하는 위상도 낮아지게 된 것이다. 대의제 민주주의 체제에서 국가와 시민사회를 연계하는 핵심적인 기구로서 정당의 지위가 위협받게 된 것이다.

이 책에서의 문제의식은 인터넷이 과연 정당정치를 어떻게 변화시키고 있는가 하는 점이다. 많은 이들이 인식하지 못하고 있지만 인터넷은 이미 정당정치에 상당한 영향을 미치고 있고 '전통적인' 속성을 변화시켜 가고 있다는 것이 논의의 출발점이다. 그런데 이 책의 관점은 정치적 소통 수단으로서 인터넷의 기능적 유사성이 궁극적으로 정당을 대체하고 대의민주주의의 근간을 바꿀 수 있을 것인가 하는 거대 담론적인 논의를 진행하려는 것은 아니다. 이 책에서 관심을 갖는 점은 인터넷의 '일상성'이 정당정치를 변화시켜 가고 있는 '눈에 보이지 않는' 효과에 관한 것이다. 인터넷이 일상생활에서 없어서는 안 될 중요한 존재로 부상하면서 우리의 생활방식이 크게 변화한 것처럼 정당정치에도 마찬가지의 변화를 이끌고 있다는 것이다.

예컨대, 우리의 일상생활에서의 변화를 보면, 인터넷 등장 이후

우편을 이용한 편지의 사용이 줄었고 크리스마스 카드 역시 예전 만큼 많이 보내지 않는다. 이메일이나 e-카드가 이를 대신하고 있다. 백화점이나 은행을 가는 대신 인터넷 쇼핑이나 인터넷 뱅킹을 이용하는 일도 이젠 일상화되었다. 이 책에서 관심을 갖는 것은 이러한 '사소한' 생활방식의 변화가 관련 산업에 큰 영향을 미치고 있다는 점이다. 편지봉투나 우표, 크리스마스 카드 등과 관련된 업종의 경기는 예전 같지 않겠지만, 택배나 오토바이 배달 서비스 등은 인터넷 등장 이전과는 비교할 수 없을 만큼 크게 성장했다. 다른 산업과 마찬가지로 정치 분야 역시 인터넷을 통한 정치참여나 정치적 의사소통이 일상화되었고 정치적 정보의 생산·소비·유통 방식이 혁명적으로 변화한 만큼 그로 인한 파급효과가 대표적인 '관련 업계', 즉 정당에 어떤 형태로든 미칠 수밖에 없을 것이라는 여기서의 가정이다. 이 책은 바로 이와 같이 인터넷을 통한 정치참가 만들어 가는 '의도하지 않은, 눈에 보이지 않는' 정당정치의 변화를 추적하려는 것이다. 인터넷을 통한 정치참여가 일상화되면서 실제로 이슈의 설정이나 수용성, 정치적 의사표현의 형식, 정치참여의 형태, 여론형성 방식 등이 변화해 왔으며, 이러한 '사소해 보이는' 변화가 정당정치라는 구조적인 틀에 영향을 미치고 있다는 것이 이 책에서 제시하고 싶은 주장이다.

특히 우리나라는 인터넷이 정당정치에 미치는 효과를 찾아내기에 좋은 사례가 된다. 그 이유는 물론 우리나라의 인터넷의 인프라와 보급률, 일상적 활용의 수준에서 세계 최상위권이기 때문이다. 더욱이 2002년 대통령 선거 과정을 통해 이미 인터넷의 '막강한' 정치적 효과를 경험했고 그 때문에 인터넷의 정치적 활용에 대해 사회적으로 매우 익숙해져 있다는 점도 우리나라가 분석의 대상이 되기에 적합한 요인이라고 할 수 있다. 또한 우리나라 정당정치가 하나의 체계(system)로 간주하기에는 여전히 유동적이고 불안정하다는 점이 역으로 인터넷의 정치적 효과를 추적하는 데는 도움이 될 것으로 생각한다. 정당정치가 안정적이고 제도화(institutionalization)의 수준이 높은 곳에서라면 인터넷이 몰고 온 충격에 대한 정당정치의 대응성이나 저항력이 클 것인 만큼 그로 인한 변화를 살펴보기가 힘들 수 있기 때문이다. 뒤에서 논의하겠지만 서구에서도 정당정치는 이전과 비교할 때 유동성이 커졌고 정치참여의 중심체로서의 중요성도 낮아졌다. 그렇다고 해도 우리나라 정당과 비교할 때는 정당 제도화의 수준이나 시민사회에 대한 침투 정도는 매우 높다고 할 수 있다.

이 책에서는 인터넷의 등장으로 인해 초래된 변화가 근대 이후 형성된 대중정당과 같은 기존 정당의 구조나 형태가 시민사회의 요구에 대해 제대로 대응하기 어렵게 만들고 있다는 점을 보여주고자 한다. 인터넷이라는 새로운 정치적 매개체의 등장으로 인해 기능적 대체라는 측면이 아니라, 인터넷이 촉발한 생활양식의 변화로 인해 정당의 존재기반이 근본적으로 도전받고 약화되고 있다는 점에 주목하고자 한다. 또한 인터넷의 등장과 정보화의 진전이 정당정치에 반드시 긍정적인 결과를 가져오는 것만은 아니라는 점을 말하고자 한다. 그런 점에서 이 책의 강조점은 정당이라는 전통적 대의기구의 시각에서 본다면 비관적일 수 있다. 그러나 서구의 역사가 말해 주듯, 정당의 약화나 쇠퇴는 건강한 민주주의를 위해서 결코 바람직한 현상이라고 볼 수 없다. 여기서 제기된 비관적인 문제점들이 보다 건강한 정당정치의 복원을 위한 길잡이가 되기를 바라는 까닭도 이 때문이다.

2. 정당은 쇠퇴하는가

“근대 민주주의 국가의 시민들은 정당을 통해서 그리고 정당에 의해서 대표된다”는 사르토리(Sartori, 1976: 24)의 주장이 아니더라도 정당은 대의민주주의 정치체계에서 시민사회와 국가를 연결하는 중요한 채널의 역할을 해 왔다. 그러나 인터넷의 등장 이전에도 정당이 쇠퇴하고 있다는 주장은 꾸준히 제기되어 왔다. 인터넷으로 인한 정당정치의 변화를 살피기 전에 기존 논의에서 제기된 정당정치의 변화와 특성에 대해서 먼저 살펴보는 일이 필요할 것이다.

많은 연구들이 1950－1960년대의 황금기를 고비로 해서 그 이후 서구에서 정당이 쇠퇴하고 있음을 주장하고 있다(Katz and Mair, 1995; Seyd and Whitely, 1992; Scarrow, 1996; Dalton and Wattenberg, 2000; Lawson and Merkl, 1988). 그 증거로 당원의 수가 꾸준히 감소하고 있으며, 당비를 내고 선거운동에 자신의 시간과 노력을 바치는 열성당원(party activists)의 수도 줄어들었다는 사실을 제시했다(이하 논의는 강원택, 2006a). 또한 정당 일체감(party identification)이 약화되었고 대신 어느 정당에도 속하지 않는 무소속 유권자의 수가 크게 늘어났다. 이와 함께 선거에서 참여하는 유권자의 수도 줄면서 투표율이 하락하고 있다. 비교적 높은 투표율을 보여 왔던 영국과 독일의 예를 들면, 1972년 독일 총선에서의 투표율은 91.1%였지만 2002년에는 79.1%로 큰 폭으로 하락했다. 영국에서도 과거에는 70% 이상의 투표율을 나타냈지만 2001년 총선의 투표율은 59.1%에 불과했다. 서구 정치에서 기존 정치제도를 통한 정치참여가 줄어들고 있으며 정당을 중심으로 한 대의민주주의에 적지 않은 변화가 생겨난 것이다. 기존 주요 정당이 쇠퇴하면서 단일 이슈 그룹이나 시민단체, 신생 정당 등 다른 조직과 기구가 그 자리를 대신해 가고 있다.

서구에서 나타나는 이와 같은 정당정치의 위기는 어디에서 비롯된 것일까? 다양한 관점에서 진단해 볼 수 있겠지만 무엇보다 사회경제적인 변화 속에서 그 원인을 찾아볼 수 있을 것 같다. 오늘날의 보편적인 정당정치는 립셋과 로칸(Lipset and Rokkan, 1967)이 제시한 근대사회의 정치적 균열(cleavage)의 틀 속에서 이해할 수 있다. 근대사회의 정치적 균열은 산업화 시대의 주된 갈등인 계급정치의 형태로 정당정치에 반영되었다. 좌파 진보정당이 노동계급을 대표하고, 우파 보수정당이 중산층을 대표하는 형태가 가장 단순화해서 이해할 수 있는 근대 정당정치의 패턴일 것이다. 이러한 기본적인 틀은 이들의 표현대로 오늘날까지 그 특성이 여전히 '동결(freezing)'된 채 유지되어 왔다.

그러나 이후 사회경제적인 구조가 바뀌면서 정당정치의 기반에도 변화가 생겨났다. 무엇보다 계급정치의 기반이라고 할 수 있는 고용구조가 변화했다. 과거 산업사회에서 '노동계급'이라는 집단적 인식을 갖게 한 거대 작업장이 사라져 갔다. 조선, 자동차, 탄광 등 한곳에 집중된 거대 작업장에서 블루칼라 남성 노동자를 주력으로 한 산업사회의 고용형태는 이제는 서비스업 중심의 3차 산업으로 그 중심이 이동하게 되었다. 따라서 전문직, 관리직, 사무직 등 화이트칼라 노동인력의 수가 크게 늘어나게 되었고 그와 함께 파트타임의 증대, 개별 고용 협약, 여성 인력의 증대 등 여러 가지 변화가 함께 수반되었다. 큰 규모로 유지되던 국영기업의 민영화 역시 이러한 변화를 이끌었다. 한편, 계급의식을 자극할 만큼 열악했던 사업장 환경이나 사회경제적 상황도 많이 개선되었다. 의료보험, 연금, 실업수당, 임대주택 등 복지국가를 통해 누리게 된 경제적 안정과 함께 정치성을 띤 전투적인 노동운동이나 강한 계급의식으로 유권자들이 결집해야 할 필요성이 크게 줄어들게 되었다.

또한 교육기회의 증대로 계층간 사회적 유동성도 증대되었다. 이런 변화 속에서 근대적 뿌리를 갖는 오늘날의 서구 정당들은 예전과는 다른 환경을 맞이하게 된 것이다. 즉 과거의 정당정치가 비교적 단순한 이해관계의 대립과 지지 집단의 동질성을 전제로 했다면, 이제 정당은 다양하고 분절화된 이해관계와 과거와는 달리 충성스럽지 않은 지지자들 앞에 서게 되었다. 또한 정치적 교화와 정체성 확보를 위해 정치적 정보와 교육을 제공했던 과거 정당의 역할은 매스미디어의 시대를 맞이하면서 그 중요성이 약화될 수밖에 없었다. 매스미디어와 함께 대중 교육이 확대되면서 중요한 정치적 정보를 유권자가 스스로 획득하고 해석하고 판단할 수 있게 되었다.

이러한 변화 속에서 유권자와 정당 간의 간극도 벌어지기 시작했다. 유권자들은 기존 정당이 자신들을 제대로 대표해 내지 못한다고 불만을 갖게 되었고, 그 때문에 기존 정당에 대한 참여와 관심이 줄어드는 대신 새로운 정당에 눈을 돌리게 되었다. 또한 과거에 제기되지 않았던 새로운 이슈가 유권자들의 관심을 끌기 시작했다. 그 결과 전반적인 정당정치의 유동성이 커졌고, 기존 정당의 쇠퇴와 신생 정당의 출현이라는 정당정치의 재편으로까지 이어지게 되었다. 녹색당이 대표적인 사례가 될 수 있지만, 이뿐만 아니라 극우정당이나 분리주의 지역정당에 대한 지지율도 늘어나고 있다. 2002년 프랑스 대선에서 2차 결선투표에까지 오른 르펜(Le Pen)의 국민전선(Front National)이 그 예가 될 수 있다. 그러나 극우정당이나 분리주의 정당들은 반체제적 성격을 갖고 있다는 점에서 서구에서 기존 정당체제에 대한 유권자들의 불만이 만만치 않다는 사실을 짐작하게 해 준다.

사회경제적 변화로 인해 지지자들과 연계가 약화되었다는 점도 중요한 원인이지만, 조직적인 측면에서는 정당이 국가에 대한 의존도가 커졌다는 점 역시 정당의 약화와 위기를 설명해 주는 또 다른 원인이 된다. 시민사회 내에서 존립의 기반을 찾아야 할 정당이 점차 국가의 보조금과 지원에 의존하게 되고, 그러한 혜택을 누리기 위해 카르텔(cartel)화하면서 정당체계의 개방성과 시민사회의 연계를 약화시킨 것이다. 캐츠와 메어(Katz and Mair, 1995)는 이를 두고 오늘날 정당체제가 과거의 대중정당으로부터 카르텔정당으로 변모했다고 지적했다. 이러한 현상은 정당이 그만큼 시민사회와의 연계는 약화되었다는 또 다른 증거가 될 수 있다. 이와 함께 이제 정당뿐만 아니라 기업, 시민단체, 지방정부 등 다양한 행위자가 함께 협력하며 국정을 이끌어 가야 하는 거버넌스(governance)의 시대를 맞이하고 있다. 정당이 시민사회와 국가를 연결하는 채널의 역할을 사실상 독점해 왔던 과거의 상황에 적지 않은 변화가 생겨나게 된 것이다.

이처럼 정당의 위상과 역할에 대한 변화는 다양한 측면에서 그 원인을 제공하고 있으며, 정당의 쇠퇴는 일부 국가의 특수한 현상이 아니라 보편적으로 확인되는 모습이라고 할 수 있다. 'Foreign Policy'는 2005년 창간 35주년 특집으로 '오늘은 존재하지만, 내일은 사라질 것(Here today gone tomorrow)'에서 2040년쯤 사라질 것 중의 하나로 정당을 꼽기도 했다.[1] 물론 이러한 비관적 예측은 너무 과장된 것일 수도 있다. 메어(Mair, 1997)와 같은 학자는 정당의 생존력은 여전하며 기본적인 틀의 변화는 없다는 반론을 제기하기도 한다. 정당은 여전히 정치 과정의 중요한 행위자로 남아 있는 것이 사실이다. 그러나 이제 과거만큼의 독점적 중요성은 가질 수 없게 되었고, 당원 수의 감소나 투표율의 하락에서 보듯이 시민사회 내에서의 연계는 약화되었고 더욱이 이러한 추세가 지속

---

1) http://www.foreignpolicy.com/users/login.php?story_id=3160&URL=http://www.foreign-policy.com/story/cms.php?story_id=3160(검색일 2006. 8. 14).

되고 있다는 것이 정당정치의 미래를 더욱 어둡게 하고 있다. 이러한 논의는 서구 정당의 경험에 근거한 분석이지만 우리나라 정당들 역시 기본적으로는 이와 매우 유사한 상황에 놓여 있다고 할 수 있다.

이러한 상황에서 인터넷을 통한 새로운 형태의 정치참여는 정당의 미래를 더욱 어렵게 만들고 있다. 앞에서 논의한 정당의 쇠퇴가 정당을 둘러싼 환경의 변화로 인한 위기라고 한다면, 인터넷으로 인한 정당의 약화는 정당의 본질적 기능, 역할에 대한 의구심과 관련된 것이라는 점에서 보다 근본적인 위협으로 다가오고 있다. 이 책에서는 이와 같은 정당정치를 둘러싼 전반적인 환경의 변화를 고려하면서 특히 인터넷의 등장이라는 변수가 정당정치에 미치는 변화에 주목하고자 하는 것이다.

3. 중범위 수준의 연구

인터넷이 등장한 것은 시간상으로 그리 오래된 것은 아니지만 짧은 시간 내에 우리 생활 전반에 미친 커다란 영향으로 인해 최근 들어 이에 대한 연구가 활발하게 진행되고 있다. 그동안 인터넷의 정치적 효과에 대한 관심은 접근 방법으로 볼 때 대체로 거시적인 접근과 미시적인 접근으로 나눠 설명해 볼 수 있다.

거시적 접근은 인터넷으로 인한 정치적 효과를 정치체계 전반에 미칠 변화나 패러다임의 변화로 이해하는 입장이다. 대표적으로 정보화가 민주주의의 속성을 변화시킬 것이라는 시각을 예로 들 수 있다. 정보통신기술의 발달이 대의민주주의의 근본적 특성을 변화시키고 직접민주주의 구현에 기여할 것이라는 기대감도 나타나고 있다. 거시적인 접근법은 보다 장기적이고 거대한 시대적 흐름 속에서 인터넷이 정치적 환경과 구조에 미치는 영향을 파악하려 한다는 점에서 중요한 의미를 갖고 있다. 그러나 이러한 접근법은 대체로 추론이나 예측, 직관의 수준에서 설명이 제시되고 있는 것이 대부분이며 실제 현실 속에서 경험적인 사례를 통해 그 주장의 타당성을 입증해 내기는 어렵다는 점이 한계라고 할 수 있다.

반면, 미시적 접근법은 행위자 중심의 행태적 분석이라고 볼 수 있다. 미시적 접근은 인터넷을 통한 일반 시민의 정치참여 정도, 활용 방식, 개별 유권자에 미치는 영향 등을 구체적이고 경험적으로 분석하고 그 효과를 파악하려고 한다. 여기에 영향을 미치는 대상은 인터넷 신문, 정치웹진, 포털사이트, 정치인 팬클럽, 인터넷 공동체, 인터넷 카페, 인터넷 시민운동, 전자정부, 인터넷 선거운동, 인터넷 정당, 블로그 등 매우 다양하고 구체적이다. 이러한 접근법은 인터넷이 개별 시민에게 어떤 영향을 미치고 어떤 변화를 이끌어 내는지 경험적이고 구체적으로 살펴볼 수 있다는 점에서 장점을 갖는다. 그러나 개별 행위자 수준을 넘는 사회적 흐름 속에서 효과와 변화를 살펴보기 어렵다는 점에서 이러한 접근법의 한계도 존재한다.

이 책에서는 이러한 인터넷과 정치에 대한 앞의 두 가지 연구 경향의 문제점을 인식하고 대안적으로 중범위 수준의 연구를 시도하고자 한다. 앞서 언급한 두 가지 접근법이 갖는 장점과 한계를 고려하면서, 인터넷 공간상에서 개별적인 행위자에 대한 관심이라는 미시적 접근과 그로 인한 제도적 차원의 효과와 영향, 변화라고 하는 거시적 접근 간의 관계를 동시에 볼 수 있는 연구 방법을 추구하고자 한다.

이 책에서 관심을 갖는 분석의 단위는 제도적 기구로서의 정당, 특히 대중정당(mass parties) 그리고 정당체계(party system)이다. 정당에 주목하는 까닭은 그 기능적 특성상 미시적 행태와 거시적 구조를 연계해 주는 적절한 중범위적 분석 단위가 될 수 있다고 생각되기 때문이다. 즉, 정당은 인터넷으로 인한 개별시민의 정치참여 방식의 변화에 직접적 영향을 받으면서도, 동시에 정당체계라는 정치제도적 변화를 추적할 수 있는 좋은 연구대상이 된다. 이처럼 이 연구에서는 인터넷을 통해 정치에 참여하는 개인들의 행위에 주목하면서도 동시에 개별적인 행위가 집합적 단위로서의 제도에 미치는 영향과 결과에 대해서도 살펴보고자 하는 것이다. 이러한 접근법은 인터넷이 정당정치로 대표되는 대의제 민주주의에 미치는 영향에 대해서도 시사점을 줄 것으로 기대한다.

제 2 장

기존 논의의 검토

1. 직접민주주의와 숙의민주주의의 가능성
2. 정치참여와 정보격차
3. 인터넷과 정당정치

제2장 기존 논의의 검토

인터넷이 본격적으로 정치에 활용되기 전부터 그 잠재력에 주목하여 인터넷이 몰고 올 커다란 변화에 대한 논의가 활발했다. 인터넷의 정치적 활용에 대한 구체적이고 경험적인 결과가 제대로 확인되기 이전의 논의인 만큼, 초기의 논의는 주로 정보화 시대로 인한 변화가 가져올 '미래 사회의 모습'에 대한 예견이 주류를 이뤘다. 즉 인터넷의 무궁무진한 잠재력에 대한 인식으로부터 미래의 변화상을 '예지적으로 추론'한 것들이 많았다. 미시적인 형태의 변화에 대한 관심이 배제된 것은 아니지만, 과거의 논의는 주로 인터넷 등 정보화 시대의 도래가 근대 이후의 주도적인 정치체제인 기존의 대의제 민주주의의 속성을 변화시킬 것이라는 주장과 같은 거대 담론적인 속성을 많이 나타냈다. 이후 현실 정치권에서 인터넷을 활용하는 사례들이 속속 나타나기 시작하면서 인터넷의 정치적 영향력에 대한 논의도 보다 구체적이고 다양한 형태로 이뤄지기 시작했다. 이 장에서는 인터넷의 정치적 영향력에 대한 기존의 논의를 크게 민주주의 체제에 대한 효과 등을 포함한 정치 일반에 대한 논의와 정당정치에 대한 논의로 구분하여 각각 살펴보기로 한다.

1. 직접민주주의와 숙의민주주의의 가능성

인터넷의 정치적 효과에 대한 논의는 일찍부터 이전의 다른 매체와 달리 인터넷만이 갖는 독특한 커뮤니케이션의 특성에 주목하였다. 인터넷은 쌍방향 소통이 가능하고 실시간 정보전달과 의견교환이 가능할 뿐만 아니라, 일 대 다수, 혹은 다수 대 다수 간의 신속 통신도 가능할 뿐만 아니라 저장기술의 발전으로 많은 양의 정보와 자료의 송수신도 손쉽게 행할 수 있게 되었다. 의사소통이나 정보교환 역시 텍스트 중심에서 벗어나 이미지, 동영상, 음성 등 다양한 형태로 이뤄지게 되었고 누구나 자유롭게 정보를 생산하고 유통시키고 가공할 수 있게 되었다. 이와 같은 인터넷의 '막강한 기능'이 정치적으로 활용될 때 일어날 수 있는 변화에 대한 추론은 우선 정치참여의 급격한 확대라는 데 모아졌다.

인터넷의 등장은 무엇보다 기존의 대의민주주의의 한계를 극복할 수 있을 것이라는 기대를 갖게 했다. 대의민주주의하에서 대표자를 통해 간접적이고 제한된 형태로 참여할 수밖에 없었던 공공문제에 대한 정책결정 과정에서 인터넷의 출현은 일반 국민들의 참여 기회를 확대할 수 있다는 점에서 특히 그 중요성을 찾고자 했다. 사회적으로 중요한 어젠다의 제기와 설정에 대한 정당, 언론 등 '전통적인 기구들'의 배타적인 권한이 약화되거나 궁극적으로 사라지게 되고 이제는 누구나 사회적으로 중요한 의제를 내세우고 이끌어 갈 수 있게 되었다는 점에 주목한 것이다. 더욱이 정보의 공유·확산이 매우 손쉽게 이뤄질 수 있게 되었기 때문에 누군가에 의해 제기된 어젠다가 사회적 주목과 관심을 받을 수만 있다면 짧은 시간 내에 급속히 사회 전체로 확산될 수 있게 되었고, 그만큼 시공간의 제약을 받지 않는 토론과 의견 형성, 여론의 확산이 가능해졌다. 다음의 글은 이러한 시각을 잘 보여 주고 있다.

> 대의제 민주주의하에서도 시민들은 지배하나 그들은 자신의 대표를 통해서 지배하는 것이다. 산업화된 거대 영토국가하에서 국민은 자신이 선출한 대표를 통해서 간접적으로 지배권을 행사하고 있을 뿐이다. 그런데 영토국가가 민주주의의 실현에 가하고 있었던 제약을 정보화 혁명이 해제시켜 주고 있는 것이다. 정보화 혁명은 의사소통에 대한 시간적·공간적 제약을 해제시켜 주고 있다. 이제 일반 시민들도 디지털화된 통신매체를 이용하여 직접 공공정책 결정에 참여하고, 인터넷을 통하여 정부와 정치인들과 직접 대화를 하며, 전자매체가 제공하는 토론장을 통해서 공적 토론에 참가할 수 있게 되었다. 말하자면, 정보화 혁명이 민주주의의 지평을 확장시켜 주고 있는 것이다(임혁백 2001: 19-20).

미래학자인 토플러(Toffler, 2006: 583-621)는 정보사회에서는 다수결에 기반을 둔 대중민주주의가 아닌 소수세력의 다양성이 인정되는 형태로 변모할 것으로 보았다.[1] 즉 대표자를 선출하고 다수의 동의에 의해서 중요한 결정이 이뤄지던 대의민주주의 방식 대신 각 시민이 스스로 대표자가 되어 결정 과정에 참여함으로써 소수의 힘(minority power)과 다양성이 보장되는 직접민주주의에 가까운 형태(semi-direct democracy)가 될 것으로 전망했다. 나이스빗(Naisbitt, 1986)은 앞으로 다가올 10가지의 거대한 변화의 흐름(megatrends)을 전망하면서, 대의민주주의 대신 결정 과정에 시민 모두가 참여하는 참여민주주의의 시대와 네트워크형의 수평사회가 도래할 것으로 전망했다. 마수다(Masuda, 1985) 역시 대의민주주의 방식 대신 참여민주주의가 도래할 것이며 인간과 자연 간의 공생이 가능한 미래를 예측했으며 이를 컴퓨토피아(Computopia)라고 불렀다.

---

1) 이하 이 절과 다음 절에서의 논의는 강원택(2007: 103-106)에서 참조하였음.

이들의 입장은 모두 “새로운 정보통신기술은 국민과의 직접적인 협의를 가능하게 함으로써 정당을 비롯한 중간조직들이 이익대표의 기능을 상실”하게 되며, “시민들은 더 이상 자신의 의사결정권을 정치적 대표자에게 위임하지 않아도 되는 상황이 도래”하게 된다는 것이다(김용철 · 윤성이, 2005: 127. Morris, 1999; Benjamin, 1982 등 참조). 다시 말해 정당의 기능이 급속히 약화되고 대의민주주의 체제로부터 시민들의 직접적인 참여가 보다 강조되는 직접민주주의적인 형태로 변모하게 될 것이라는 시각이다.

이러한 논의들은 모두 인터넷의 등장이 직접민주주의로 이끌 것이라는 낙관적 기대감을 표현한 것이지만 이와는 달리 다소 조심스러운 예측도 존재한다. 아터튼(Arterton, 1987)은 정보화의 발전으로 정치참여가 증대된다면 대의 과정이 이전보다 활발해짐으로써 대의민주주의를 개선할 수는 있으나 근본적으로 대의민주주의가 직접민주주의로 대체될 수는 없다고 보았다. 즉 전자민주주의(teledemocracy)는 대의민주주의 체제 내에서 정치적 대표자와 유권자들 간의 의사소통과 정보교환을 활성화하는 데 도움을 주는 정도의 ‘제한된’ 기여를 할 것으로 본 것이다. 한편, 위너(Winner, 1984)는 인터넷 등 전자매체의 발전이라는 기술적 요인이 자동적으로 참여를 증대시키거나 민주주의의 발전을 이끄는 것은 아니라고 비판하면서, 기술과 무관하게 시민들의 정치참여에 대한 자발적 욕구가 증대되어야만 참된 민주주의가 가능할 것이라고 주장했다.

직접민주주의와 같은 ‘이상적인 목표’까지는 아니지만 조금 다른 시각에서 인터넷을 통한 정치적 의사소통의 중요성을 부각시킨 논의도 제기되었다. 이에 대한 대표적인 것이 숙의민주주의(deliberative democracy)에 대한 논의이다. 숙의민주주의에 대한 논의는 인터넷을 통한 정치적 참여의 확대가 기존 대의제 민주주의의 한계를 ‘질적으로’ 극복하고 보다 나은 민주주의로 이끌게 될 것이라는 기대감을 반영한 것이다. 숙의민주주의에서 말하는 숙의(熟議, deliberation)는 "시민들이 공개적으로 공공문제에 대한 어젠다를 결정하고 여러 가지 해결방안에 대한 진지하고 이성적인 토론을 거쳐 합의에 도달하는 과정을 말한다. 즉 숙의는 단순히 자신의 입장을 말하는 일방적인 발언이 아니며 다양한 관점을 검토하고 공동체를 위한 최선의 대안을 찾아가는 대화"(김용철·윤성이, 2005: 285)라고 할 수 있다. 즉 직접민주주의에서 기대하는 것처럼 모두가 참여하는 것은 현실적으로 어렵더라도, 인터넷이라는 매체가 실시간으로 다자 대 다자의 논의를 가능하게 하므로, 특정 주제에 대해 온라인상에서 이성적이고 합리적인 토론을 통해 사회적으로 바람직한 결론에 합의할 수 있을 것이라는 낙관적 전망을 전제로 하고 있다. 그런데 이를 위해서는 공공 어젠다에 대한 진지한 태도와 함께 원만한 논의를 위해 상대방에 대한 배려가 필요하다. 즉 "토론이 특정한 관점의 정당성을 상대방에게 확신시키고자 하는 의도하에 적극적으로 자신의 의견을 피력하는 과정이라면, 숙의는 서로 배우고 협력하며 다양한 관심들을 통합하는 과정이자 공동체를 위한 최선의 대안을 찾아나가는 대화의 과정"이므로 "그런 만큼 숙의에서는 자신의 주장을 개진하는 것 못지않게 상대방의 의견에 대한 '공감적 경청'이 중요시"되는 것이다(김종길, 2005: 39). 바버의 표현을 빌리면 숙의는 "상호 경청(敬聽)의 기술(mutualistic art of listening)"(Barber, 1984: 175)이다. 이처럼 인터넷은 공공의 사안(public sphere)과 관련된 이슈에 대해서 진지한 토론을 통해 숙의할 수 있는 기회를 제공해 줄 수 있다는 점이, 단순히 모두가 참여하여 정책을 결정하거나 투표하는 기회를 갖는 것보다 훨씬 더 중요하다는 것이다.

직접민주주의에 비해서는 보다 구체적이고 현실적으로 보이기는 하지만 숙의민주주의 역시 거대 담론적인 특성을 갖는다는 점은 부인할 수 없다. 그 때문에 직접민주주의에 대한 논의에서처럼 숙의민주주의의 현실적인 적용 가능성을 고려할 때 적지 않은 어려움이 존재한다. 다음과 같은 몇 가지 측면에서 숙의민주주의의 실현과 관련된 문제점을 지적할 수 있을 것이다. 첫째, 관심의 정도와 관련된 것이다. 현실적으로 각종 공공 사안에 대해서 시민 모두가 유사한 정도의 관심을 갖고 참여할 수 있을까 하는 문제가 존재한다. 사안에 따라 관심도는 각기 달라질 수밖에 없으며 결국 정치적인 관심이 큰 이들이 논의를 주도하고 무관심층은 수동적으로 따라갈 수밖에 없는 결과가 생겨날 수 있다. 즉 인터넷이라는 소통수단의 효율성과 무관하게 근본적인 정치적 관심의 차이는 존재한다는 것이다. 둘째, 인터넷의 등장에 따라 기술적으로 모든 사람의 참여가 가능하게 되었다고 하더라도 참여자들이 갖는 정보와 지식의 정도에 따라 논의의 수준은 달라질 수 있다. 아무리 인터넷을 통한 정보의 습득이 용이하게 되었다고 하더라도 이와 같은 정보 불균형의 문제는 여전히 남을 수밖에 없다. 참여자 간의 가용할 수 있는 정보량의 차이는 논의의 방향에 영향을 미칠 수 있다. 셋째, 숙의민주주의를 주장하는 이들이 전제하는 것처럼 참여자들이 공공 이슈에 대해 이성적이고 합리적인 토론을 전개할 것인가 하는 점이다. 인터넷 공간상에서 벌어지는 토론의 모습을 보면 과연 '상호 경청의 기술'을 발휘하여 합리적으로 합의에 도달할 수 있을 것인가 하는 데 대해 상당한 의구심을 가질 수밖에 없다. 숙고, 이성보다 감정이나 즉각적인 반응이 토론을 이끌어갈 수도 있다. 넷째, 인터넷 공간 내에서의 토론 역시 오프라인에서와 마찬가지로 너무도 다양하고 상이한 의견과 문제의식으로 인해 합의에 도달하지 못한 채 이견과 갈등이 생겨날 가능성이 크다. 그만큼 논의의 우선순위나 중요성을 정하는 데도 어려움을 갖게 될 수 있다.

이런 점에서 본다면 인터넷을 통한 직접민주주의나 숙의민주주의의 도래보다는 여전히 대의민주주의가 현실적으로는 중요한 의미를 가질 수밖에 없다. 데이비스(Davis, 1999: 175-177)는 인터넷이 기존 정치를 개선하는 데 긍정적인 측면이 있기는 하지만 그 효과는 혁명적인 것이 아니며, 일부에서 기대한 숙의민주주의에 대해서도 오프라인에서 면대면 커뮤니케이션을 통한 숙의 과정만큼의 효과를 낳지 못한다고 보았다. 퍼트남(Putnam, 2000) 역시 정보화의 진전이 면대면 접촉을 대신할 수 없으며 오히려 개인주의적 경향을 강화시킴으로써 사회적 고립을 촉진하고 사람들 간의 신뢰와 협조를 더욱 어렵게 하고 있다고 보았다. 인터넷이 새로운 유대를 만들어 내기보다 기존에 면대면으로 가까이 지내던 이들 간의 유대관계를 유지, 강화하는 데 도움을 줄 것이라는 견해(Koku, Nazer and Wellman, 2001)도 이와 유사한 시각을 나타내는 것이다. 사실 빠른 속도의 의사소통, 정보의 유통과 확산이 숙의, 사고, 대화 등의 요소를 자연스럽게 만들어 내는 것은 아니다. 다수가 참여하는 대중적 토론, 숙의를 위해서는 상호 존중과 예의, 배려가 필수적이며 공공 이슈에 대한 진지한 접근이 전제되어야 하지만 기술적 진보가 이러한 사회적 자본과 관련된 사안을 자동적으로 해결해 줄 수는 없다. 현실적으로 나타나는 모습은 오히려 개인적이고 경박한 잡담이나 정제되지 않은 감정의 배설 등이 보다 자주 눈에 띄는 것이 사실이다.

직접민주주의나 숙의민주주의 모두 인터넷이라는 매체가 갖는 긍정적인 속성이 최대한 구현되었을 경우에 도달할 수 있는 낙관적 기대감의 표현이라고 볼 수 있다. 또 한편으로는 기존의 대의민주주의 체제가 운영되어 온 방식에 대한 불만과 비판이 인터넷이라는 새로운 기술적 진보와 함께 터져 나온 것이라고 볼 수도 있을 것 같다. 그러나 이러한 논의가 인터넷이 현실 정치에 본격적으로 활용되기 이전에 이뤄진 선험적 추론 수준의 논의였고 또 논의의 범위 역시 거대한 흐름에 대한 포괄적 전망이었기 때문에 현실적 적용과 실현가능성이라는 점에서는 적지 않은 비판이 제기될 수밖에 없었다. 인터넷이 정치에 미치는 영향을 살피기 위해서는 이 책에서의 관심 대상인 정당정치와 같이 보다 구체적이고 관찰 가능한 대상을 통해 변화의 방향과 결과를 추적하려는 전략이 보다 바람직한 것도 이런 점에서 이해될 수 있을 것이다.

2. 정치참여와 정보격차

인터넷의 정치적 활용이 증대되면서 거대 담론이 아니라 보다 구체적이고 경험적인 수준에서 인터넷이 정치적인 변화를 이끌어 낼 수 있느냐에 대한 논의도 다양한 시각에서 제기되었다. 이러한 접근법은 민주주의 체제의 속성에 대한 근본적 변화 여부보다 기존 정치체제 내에서 효율성을 증진시키는 '수단, 도구'로서 인터넷의 특성을 강조하는 시각이다. 가장 큰 관심은 역시 인터넷을 통한 정치참여의 확대 가능성과 그로 인한 정치적 변화에 대한 것이다.

정당이나 시민단체에 의존하거나 혹은 시위 등으로 정치적 의사를 표현하던 방식과는 달리 인터넷을 통한 정치적 의사표현은 참여의 비용이 거의 들지 않기 때문에 오프라인의 참여 방식과 비교할 때 매우 손쉽게 행해질 수 있다. 그런 만큼 인터넷은 정치참여를 촉진시킬 수 있다. 의사표현뿐만 아니라 정치적 정보획득도 손쉽게 이뤄질 수 있다. 이전처럼 일일이 찾아다니지 않아도 인터넷을 통해 신속하게 정당이나 의회, 후보자 등에 대한 정보를 찾아낼 수 있게 된 것이다. 한편 이러한 기술적 진보는 정당이나 의원,

후보자와 같은 정치적 공급자의 입장에서 볼 때도 저렴한 비용으로 정치적 정보와 정책 강령을 전파·확산시키고 지지자를 동원해 낼 수 있는 상황을 맞이하게 된 것이다. 그런데 이와 같은 정치참여 비용의 감소가 중요한 까닭은 이로 인해 과거에 정치적 의사표현이나 참여가 어려웠던 계층의 정치참여가 용이해졌고, 쌍방향 커뮤니케이션으로 인해 과거 정치적 청중, 정치적 수용자와 같이 수동적 존재로 머물러 있던 시민들이 적극적인 정치적 참여자로 변화할 수 있게 되었다는 점이다. 더욱이 과거처럼 거대 자본이나 권력, 공적 기구가 독점해 온 게이트키핑(gatekeeping)의 권한이 크게 축소되면서 '누구나' 사회적으로 의미 있는 의제설정의 권한을 누릴 수 있게 되었다. 이처럼 인터넷으로 인해 정치적 정보의 증대, 의사결정에 참여, 쌍방향 의사소통, 의제설정의 민주화 등으로 국가 권력을 견제하는 시민사회의 힘이 강화되면서, 시민사회의 요구에 대한 공공 기관의 반응성(responsiveness)과 접근성과 투명성(transparency)이 증대되는 결과를 가져올 것이라는 기대감도 높아졌다.

그러나 이러한 낙관적 기대감과는 달리 정보격차(digital divide)의 문제점에 주목하는 시각도 있다. 인터넷을 통한 손쉬운 정치참여가 가능하더라도 인터넷에 대한 접근·활용의 불평등으로 인해 정치참여의 확대에 한계가 존재한다는 점에 주목하는 입장이다. 인터넷의 기능적 속성과 무관하게 이러한 새로운 매체에 대한 접근이나 활용에 차이가 존재하기 때문에 보편적인 정치참여나 자유로운 의사소통이 기대한 대로 크게 늘어나지 않게 된다는 것이다. 예컨대, 한 국가 내에서 소득, 교육, 지역, 성, 인종에 따라 인터넷에 대한 접근성의 정도에는 차이가 생길 수 있으며, 이런 사회경제적 요인들 이외에도 숙련도의 차이와 같은 다른 요인들 역시 정보격차를 만들어 낼 수 있다. 개인적인 수준에서 정보격차를 초래하는 요인으로 반 디크와 해커(van Dijk and Hacker, 2003)는 다음과 같은 네 가지를 제시했다. 첫째, 심리적 접근성(mental access)의 문제이다. 정보화에 대한 관심의 부족, 컴퓨터 사용에 대한 두려움, 새로운 기술에 대한 거부감(unattractiveness) 등으로 인한 접근의 어려움을 말하는 것이다. 둘째, 물질적 접근성(material access)의 문제로, 빈곤 등의 이유로 컴퓨터와 네트워크 연결 장비를 갖추지 못했기 때문에 생기는 접근의 어려움이다. 셋째, 기술적 접근성(skills access)의 문제이다. 운영 프로그램 등이 사용자의 편리함을 충분히 고려하지 않았거나, 불충분한 교육, 혹은 사회적 지원의 부족으로 접근할 수 있는 기술을 충분히 갖지 못한 데서 비롯되는 어려움이다. 넷째, 사용 기회의 접근성(usage access)과 관련된 문제로, 컴퓨터를 능숙하게 활용할 수 있도록 충분히 사용해 볼 수 있는 기회의 부족으로 인한 어려움이다. 한편, 모스버거와 그의 동료들(Mossberger et al., 2003)은 이와는 다른 방식으로 정보격차의 문제를 네 가지로 구분하였는데, 이들은 정보격차의 원인보다 정보격차의 유형에 보다 큰 관심을 보였다. 그들이 분류한 정보격차 유형에 따르면 첫째, 접근성의 격차(the access divide)이다. 컴퓨터와 인터넷을 갖추고 활용할 수 있는 상황 여부에 따른 불평등이다. 둘째, 기술적 격차(the skills divide)의 문제이다. 컴퓨터를 활용할 기회가 주어져 있다고 해도 사람마다 기술적 숙련도와 정보화를 활용한 정보습득 여부(information literacy)가 다른 만큼 그에 따른 불평등이 생겨난다는 것이다. 셋째, 경제적 기회의 접근성(the economic opportunity access)과 관련된 것으로, 새로운 직장을 구하는 것과 같이 사회적 성취나 발전(social advancement)의 목적으로 개인들이 정보를 이용할 수 있느냐의 여부에 따른 불평등을 의미하는 것이다. 그리고 넷째, 민주적 격차(the democratic divide)로, 정치참여와 정치적 영향력 확대를 위해 인터넷을 사용할 수 있느냐의 여부에 따른 불평등 문제를 지적했다. 이는 노리스(Norris, 2001)가 이미 관심을 갖고 지적했던 문제점이다. 이처럼 정보격차로 인해 인터넷의 여러 가지 긍정적인 매체적 속성에도 불구하고 정치참여가 낙관론자들이 기대한 만큼 정치참여가 크게 늘어나지는 않을 것이라는 주장이다. 실제로 정보격차로 인한 정치참여의 차이는 경험적 연구를 통해 이미 입증되고 있다. 이현우(2002)는 미국 애리조나 주 예비선거에서 인터넷 투표가 활용된 사례를 분석하면서 인터넷의 활용이 소득, 교육, 연령에 따라 유의미한 차이가 있음을 밝힌 바 있다. 또한 우리나라에서도 김용철 · 윤성이(2000; 2004), 정연정 · 조성대(2004), 조성대 · 정연정(2006) 등의 연구에서 보여 주듯이 연령별, 성별, 정치적 관심도에 따라 인터넷을 통한 정치참여에 차이가 존재하고 있다.

정보격차의 이러한 문제점에도 불구하고 일부에서는 그 중요성을 낮게 평가하기도 했다. 예컨대, 미국 연방통신위원회(US Federal Communications Commission)의 의장이었던 마이클 파워(Michael Power)는 인터넷을 통한 정보접근의 불평등 문제를 가난, 굶주림, 병처럼 절실하고 필수적인 조건의 결핍이라는 문제와는 달리 일종의 사치품(luxury commodities)과 유사한 것으로 간주하면서 이를 벤츠 자동차의 소유 여부에 비유하기도 했다. "나는 벤츠격차(a Mercedes divide)가 존재한다고 생각한다. 누구나 그걸 갖고 싶어 하지만, 모두가 그럴 수 있는 경제적 능력을 갖고 있는 것은 아니다"(Chadwick, 2006: 50). 재미있는 비유라고 할 수 있지만 현실적으로 볼 때 벤츠 자동차를 소유하지 못했다고 해서 직업, 교육, 경제활동 등 여러 가지 일상생활을 하거나 시민적 권리를 누리는 데 장애가 되지는 않는다. 그러나 오늘날 인터넷을 제대로 활용할 수 없다면 이런 일상생활에 직결된 중요한 기회를 사실상 원천적으로 박탈당할 수도 있기 때문에 정보격차를 '벤츠격차'로 비유하는 것은 적절한 것이라고 보기 어렵다. 세계화, 정보화의 진전으로 오늘날 인터넷은 정치적 권력과 경제적 생산성의 근원으로 이미 등장했다. 이런 상황에서 인터넷이라는 매체에 대한 접근성과 활용정도, 숙련도의 차이로 인해 생겨나는 새로운 격차와 차별의 가능성은 더욱 커지고 있는 것이 사실이다. 국제적으로는 선진국과 후진국 간의 경제·사회 발전의 격차는 과거보다 정보화 시대에 접어들면서 더욱 커져갈 수도 있다.

인터넷이 정치참여를 증대시키고 정보생산과 유통의 폐쇄적·독점적 구조를 깨고 있다는 사실은 분명하다. 현실 정치에서도 이러한 변화의 모습을 찾아볼 수 있다. 그러나 인터넷이 그러한 강력한 영향력을 갖고 있다고 하더라도 모든 사람이 동일한 형태로 인터넷에 접근하거나 활용하는 것은 아니라는 점에서 현실적인 한계에 대해서도 주목해야 할 것이다. 이 책에서의 관심은 이러한 논의 가운데서 민주적 격차와 가장 관련이 있지만, 정보격차보다는 인터넷 활용에서의 정치적 관심도나 관심대상의 차이로 인해 생겨나는 정치참여의 효과나 변화에 대해 보다 주목하고 있다.

3. 인터넷과 정당정치

우리나라에서는 정당이 대중정당 구조를 갖고 시민사회에 깊이 뿌리내리지 못했지만 서구에서 정당은 국가와 시민사회를 연결하는 제도적 채널링 기구로서의 중심적 역할을 수행해 왔다(이하 논의는 강원택, 2005a). 샤츠슈나이더(Schattschneider, 1942: 1)의 "현대 민주주의는 정당과 무관하게는 생각할 수 없다(modern democracy is unthinkable save in terms of political parties)"는 말은 서구 민주주의에서 정당이 차지하는 중요성을 잘 나타내는 표현이다. 그러나 이 책의 제1장에서 논의한 대로, 1970년대 이후 서구 민주주의에서 정당이 전반적으로 약화되는 추세가 나타나기 시작했다. 정당의 당원 수가 줄어들었으며 당비 납부 추세도 낮아졌다. 정당에 대한 충성심도 크게 약화되었고 그로 인해 선거에서의 유동성이 증대하면서 단기적인 선거 이슈에 따라 정당 지지가 크게 요동치는 모습이 나타나게 되었다. 즉 기존 정당 지지로부터의 이탈과 변화(dealignment)가 일어났다(Dalton and Wattenberg, 2000 참조). 정당이라는 기구의 약화와 불신의 증대는 사회경제적 구조의 변화, 고용 및 계급구조의 변화, 새로운 세대의 출현 등 여러 가지 외부 환경적 요인의 영향을 받지만, 국가에 대한 의존도의 증대와 함께 초래된 시민사회와 정당 간 유대의 약화도 한 원인으로 지적되고 있다(Katz and Mair, 1995). 즉 국가와 시민사회를 연결하는 제도적 기구로서 정당의 역할에 대한 의구심과 회의가 증대하였다는 점도 정당의 약화에 대한 중요한 원인이 되고 있는 것이다.

여기서의 관심은 인터넷이 정당정치에 미치는 영향에 관한 것이지만, 사실 정당이 새로운 매체의 출현으로 인해 도전에 직면하게 된 것은 인터넷이 처음은 아니다. 인터넷 이전 TV 등 대중매체의 등장과 영향력 증대가 정당 약화의 또 다른 원인으로 작용해 왔다. 과거 당원 조직과 당원의 참여에 의하던 선거운동 방식이 대중매체의 발전으로 변화하게 되면서 TV 등을 통한 간접적인 접촉과 홍보가 보다 중요한 의미를 갖게 되었다. 이에 따라 다수 당원의 참여와 동원을 통한 이익결집과 이익표출의 기구로 기능했던 정당의 대중정당적 속성에 적지 않은 변화를 맞이하게 되었다. 이 때문에 파네비안코(Panebianco, 1988)는 정당이 대중매체의 영향으로 인해 과거 대중정당 구조에서 선거-전문가(electoral-professional)정당의 형태로 변모해 간다는 점을 지적하기도 했다. 또한 엡스타인(Epstein,

1967: 257-260)은 새로운 미디어의 출현 등 외부환경의 변화로 인해 과거에는 유럽의 대중정당 형태의 조직이 보다 우월했지만 이제는 미국식 정당정치 형태가 보다 유리하게 되었다는 점을 강조하면서 '우파로부터의 감염(contagion from the right)'이라는 표현을 사용하기도 했다.

그런데 오늘날 정당정치는 인터넷이라는 보다 강력한 매체의 출현으로 인해 단지 이와 같은 전통적인 대중정당 구조로부터의 변화뿐만 아니라 더욱 커다란 변화의 가능성에 직면해 있다. 인터넷은 무엇보다 개별 시민이 정치적 사안에 대한 정보획득과 의견의 표시, 정치참여 등을 매우 용이하게 함으로써, 정당이라는 기존의 제도화된 채널을 우회하거나 혹은 배제하고 직접적으로 정책결정자들과 연결될 수 있도록 하기 때문이다. 정당의 도움 없이도 일반 시민이 인터넷을 통해 직접적으로 자신의 정치적 의사를 표현하고 전달할 수 있는 창구를 갖게 된 것이다. 이처럼 시민사회의 정치적 요구가 온라인 공간에서 비용에 대한 큰 부담 없이 손쉽게 결집하거나 집단화할 수 있게 됨으로써 정당이 정치과정에서 전통적으로 수행해 온 이익집약이나 이익표출 등 국가와 시민사회를 연결하는 채널로서의 역할에 대한 거센 도전에 직면하게 되었다. 인터넷의 발전에 따라 정당을 통하지 않고 시민단체나 이익집단 등이 직접 시민들을 조직하고 결집된 영향력을 발휘할 수 있는 가능성은 실제로 크게 증대되었다.

그런데 서구 민주주의 정당이 갖는 어려움에 비해서 우리나라 정당들은 보다 심각한 도전에 직면해 있다. 서구의 정당들은 대중의 자발적 참여에 기초해 있고 시민사회에 깊이 뿌리내리고 있지만, 우리나라 정당들은 시민사회와의 연계가 강하지 않으며 정당 구조 역시 서구와 같은 대중정당 형태가 아니라 간부정당(cadre party)이나 선거－전문가정당의 형태로 존재해 왔다. 정당이 시민사회와의 연계가 약할 뿐만 아니라 우리나라에서는 정당정치에 대한 국민들의 불신감이 언제나 높다는 또 다른 문제점을 갖고 있다. 정당에 대한 사회적 신뢰가 낮은 상황에서 정보화로 인한 새로운 정치 커뮤니케이션 방식의 등장은 기존 정당정치를 더욱 위축시킬 수 있는 가능성을 높여 주고 있다. 인터넷의 등장으로 정치적 의사결정 기구와 시민사회가 직접 접할 수 있는 가능성이 구체화되고 있는 것은 기존의 대의민주주의의 문제점을 보완할 수 있다는 점에서 긍정적인 평가도 가능하겠지만, 유동적이고 취약한 한국의 정당정치를 고려한다면 매우 심각한 영향을 미칠 수 있다. 정당정치가 중요한 정치적 논의에서 배제될 수 있는 가능성을 열어 둔 것이기 때문이다. 실제로 2002년의 여중생 사망사건이나 2004년의 노무현 대통령 탄핵과 같은 주요한 정치적 사안이 생겨났을 때 인터넷을 통한 시민사회 내의 의사소통과 정치참여가 크게 증대되었지만, 인터넷 공간상에서 이뤄지는 논의와 문제제기에 대해서 정치권은 적절히 대응하지 못했고 오히려 그 논의에서 소외되는 현상도 나타났다. 이처럼 제도권 정치가 온라인을 중심으로 한 시민의 정치참여를 제대로 수용하고 표출해 내지 못하는 상황에서 급작스러운 참여의 확대를 인터넷을 통한 포퓰리즘의 등장으로 바라보는 시각도 존재한다(김일영, 2004: 137-140).

인터넷의 등장이 정당정치에 미칠 수 있는 또 다른 위협은 정당정치의 제도화 수준이 낮은 곳에서 정당체계의 유동성을 더욱 높일 수 있다는 점이다. 인터넷을 통한 정치적 결집과 집단의 형성이 손쉬워지면서 새로운 정당의 출현도 그만큼 용이해질 수 있기 때문이다. 과거에 오프라인에서 지구당 조직을 건설하고 회합을 갖던 방식과 비교한다면 매우 저렴한 비용만으로도 얼마든지 새로운 정치세력을 온라인상에서는 조직할 수 있다. 또 한편으로는 오프라인에서 지지도나 활용 자원의 측면에서 상대적으로 열세에 놓일 수밖에 없는 소수 정당의 활동도 온라인상에서는 기존 주요 정당과 대등하게 맞설 수 있게 되었다. 인터넷은 오프라인과 비교할 때 홍보, 선전비용도 상대적으로 매우 저렴하기 때문에 새로운 정당을 대외적으로 알리는 데도 효과적이기 때문이다. 미국의 경우 1996년 선거에서 The Reform Party, Natural Law Party, The Green Party, The Libertarian Party, The US Taxpayers Party 등 여러 소수 정당이 온라인 사이트를 개설하여 자기당의 정책과 정강을 소개할 수 있었는데(Davis, 2000: 192), 기존의 미디어에 의한 홍보였다면 극소수 유권자들을 제외하고는 이들 정당의 존재를 알기도 어려웠을 것이다.

지난 50년간 개발된 것 가운데 정치적 조직화(political organizing)를 위한 가장 강력한 도구가 인터넷(Schwarts, 1996: 5)이라는 지적처럼 인터넷은 새로운 정당의 출현이나 소수 정당의 도전을 용이하게 하고 있다. 이처럼 신생 정당이나 소규모 정당에 대한 접근성이 높아졌으며(Tkach-Kawasaki, 2003; Gibson and Ward, 2000: 111), 과거와 비교할 때 정당 경쟁에서 그만큼 신생 정당에 대한 정치적인 진입장벽이 낮아진 셈이다. 인터넷상에 홈페이지 등을 구축하는 비용에 있어서 기존 거대 정당과 소 정당 간의 격차를 지적하는 이도 있으나(Davis, 2000: 194), 한국에서라면 이는 그리 심각한 문제라고 보기 어렵다. 이처럼 기존 정당에 대한 신뢰도가 낮은 상황에서 인터넷이라는 정치적 결사와 집단화를 위한 효율적이고 편리한 새로운 매체의 출현은 새로운 정당의 출현과 그로 인한 정당체계 재편의 가능성을 높여 주고 있다.

이와 같이 인터넷의 출현이 정당체계의 재편으로 이어질 것이라는 시각은 정보화의 발전으로 기존의 대중정당적 구조가 쇠퇴하고 사이버 공간을 기반으로 하는 새로운 정당조직이 보다 경쟁력을 갖는 형태로 변모할 것으로 전망한다. 오프라인에서 대규모 조직을 유지해 온 기존 정당이 갖는 조직상의 우월감이나 제도적 유리함이 줄어들게 될 것이고 그만큼 정당체계 역시 유동적으로 변화해 갈 가능성이 높아지게 된다는 것이다. 인터넷으로 인한 정치참여의 증대와 정당정치의 변화 가능성에 대한 이러한 전망은 보통 동원이론(mobilization theory), 변화가설(change hypothesis) 등으로 불린다.

그러나 이와는 대조적인 견해도 제기되고 있다. 정상화 가설(normalization thesis)이나 제도적 적응 모델(institutional adaptation model)로 불리는 시각이 바로 그것이다. 이러한 시각은, 변화가설과는 달리, 정보화의 진전에 대해 정당이 적극적으로 대응하고 적응해 갈 수 있다고 보고 있다. 정당이 주도적으로 새로운 커뮤니케이션 수단을 도입하고 이용함으로써 보다 효과적으로 자신의 지지자 집단을 관리하고 유지해 나갈 수 있게 한다는 것이다. 이런 시각에서는 정보화가 기존 대의민주주의를 근본적으로 약화시키거나 정당체계의 재편으로 이끌 것이라는 관점에 동의하지 않는다(Smith, 1998; 김용철 · 윤성이, 2005: 129-132; Resnick, 1999; Arterton, 1987). 정보화의 진전이 정당체계나 기존 정당의 역할을 결코 약화시키지 않으며 오히려 기존 정당이 내부 조직의 효율성을 높이고 유권자 및 지지자들과의 연계를 강화해 가는 경향을 나타내게 될 것이라는 관점이다.

이러한 주장의 논리적 근거는 크게 세 가지로 나눠 살펴볼 수 있다. 첫째는 정치적 자원의 차이가 인터넷 공간상의 활동에 대해서도 차이를 나타내게 될 것이라는 관점이다. 즉 부유한 정당과 후보가 온라인상에서도 보다 나은 웹사이트, 보다 역량 있는 스태프, 보다 효과적인 인터넷 기술을 활용하기 때문에 여전히 유리한 입장에 놓이게 되고 이로 인해 인터넷의 활용이 근본적인 정치적 경쟁의 환경에 변화를 주지 않는다는 점을 강조한다(Chadwick, 2006: 149). 둘째는 정치참여의 행태를 볼 때, 온라인과 오프라인 간에

별로 큰 차이가 없다는 것이다. 즉 기존 오프라인에서 나타나는 정치참여에 영향을 미치는 변인들은 인터넷을 통한 정치참여에도 별다른 차이를 보이지 않는다는 것이다. 예컨대, 노리스(Norris, 2001)는 남성, 고학력자, 고소득자, 그리고 정치적인 관심이 큰 사람들일수록 인터넷을 통한 정치적 정보의 검색이나 획득에 보다 적극적이라는 점을 밝혔다. 2000년 미국 대통령 선거 과정을 분석한 연구에서도 인터넷이 오프라인 선거운동의 보조적인 수단으로 사용되기는 했지만, 사이버 공간상의 활동이 정치참여를 증대시키는 것이 아니라 원래부터 정치에 관심이 있는 사람들이 인터넷을 통한 정치참여를 행한 것이라고 결론지었다(Margolis et al., 2003: 53-66). 즉 '누가 참여하는가'라는 관점에서 볼 때 기존의 정치참여 행태에 별다른 변화를 가져오지 못했다는 것이다. 셋째는 참여의 비용이 줄어들기 때문에 시민들의 정치참여 자체는 늘어날 수 있지만, 사람들은 자신의 취향에만 맞는 정보에만 접근하기 때문에 인터넷의 등장이 정치적 태도나 관점의 변화를 이끌기보다는 기존의 입장을 강화하는 형태로 나아가게 된다는 것이다(Corrado and Firestone, 1996). 즉 인터넷이 정치참여의 수단으로 활용되더라도 소극적인 참여를 적극적인 것으로 변화시키거나 혹은 정치적 지지의 대상을 변화시키게 될 가능성이 그리 크지 않다는 것이다. 이러한 주장은 과거 정치에 미치는 미디어의 영향에 대한 초기 연구에서 제기된 논의와 매우 유사한 것이라고 할 수 있다. 처음에는 유권자가 미디어에 노출되면 TV 전파의 위력은 마치 탄환을 맞은 것처럼 대다수 유권자에게 비슷한 형태로 영향을 미치고 태도를 변화시킬 것이라는 기대감이 있었다. 그러나 그 이후 라자스펠드 등(Lazarsfeld, Berelson, and Gaudet, 1944)이 행한 미국 오하이오 주 이어리(Erie) 카운티를 대상으로 한 고전적인 연구 결과에 의하면, 대중매체를 비롯한 각종 선거운동으로 인해 유권자의 후보 선호가 크게 바뀌지 않으며 오히려 기존의 선호를 강화(reinforce)해 준다는 것이다. 인터넷도 이와 마찬가지로 기존에 자신이 갖고 있던 시각을 유사한 이들과의 교류를 통해 오히려 강화시키는 결과를 낳을 수 있다는 것이다. 노리스(Norris, 2000) 역시 기존에 정치적 관심이 높은 사람들의 참여를 보다 활성화시킨다는 점에서 선순환(virtuous circle)이라고 할 수 있으나 이전에 정치적 관심이 없었던 사람들의 참여확대까지 보장하는 것은 아니라고 보았다.

인터넷이 정치에 미치는 영향에 대한 논의는 이상에서 살펴본 것처럼 어떤 측면과 경향을 강조하느냐에 따라 각기 상이한 시각을 보일 수 있다. 또한 각 나라마다 처한 정치적 조건이나 참여의 정도, 정치제도의 특성 등 개별 국가의 전반적인 정치 환경에 따라서도 상당한 차이를 보일 수밖에 없을 것이다. 그런데 지금까지의 논의는 정치 커뮤니케이션의 매개수단으로서의 인터넷의 기능에 관심이 대체로 집중된 것으로 볼 수 있다. 그로 인한 효과 역시 민주주의 양식이나 정당체계에 대한 거시적 평가나 정치참여의 증대 여부와 같은 현상적 결과에 주목하고 있다. 그러나 정치 커뮤니케이션 논의구조의 변화나 인터넷 사용자의 관심의 변화와 같은 보다 역동적인 형태의 효과에 대해서는 그다지 많은 논의가 이뤄지지 못했다. 이 책에서 주목하고 있는 것은 기존 정당과 정당체계를 중심으로 한 변화가 아니라, 인터넷이 정당의 지지기반이나 시민의 정치참여의 동인에 대한 변화를 초래함으로써 궁극적으로 정당정치의 환경을 바꿔 내고 있다는 점이다. 이러한 관점에서 인터넷의 정치적 활용이 정당체계 전반과 특히 우리나라 정당정치에 어떠한 변화를 이끌고 있는지에 대해서 이제부터 살펴보기로 한다.

제 3 장

분석틀

1. 인터넷이 바꾸는 정치참여 방식의 네 가지 특성
2. 분석틀

제 3 장 분석틀

과거 인터넷에 대한 논의는 현상이 뒷받침되지 못한 채 가능성과 변화의 방향을 논하는 추론적 차원에서 시작되었지만, 인터넷을 통한 정치참여는 이제 많은 곳에서 일상적인 현상이 되고 있으며 정치적 소통의 매체로서 갖는 영향력도 매우 커졌다. 이러한 변화에 따라서 정치권 역시 인터넷을 효과적으로 활용하기 위한 움직임이 활발해졌다. 정당 및 정치인의 홈페이지 구축, 온라인을 통한 선거운동이나 의정활동 보고, 당원 가입과 관리, 혹은 정치자금의 온라인 모금 등 기존의 일상적인 정치활동을 온라인화 함으로써 효율성과 전파력을 높이고자 하는 것이다. 특히 정당은 폭넓은 유권자를 보다 효율적으로 접촉하거나 자신들의 정강 정책 등을 홍보・확산하기 위한 수단으로 인터넷을 이용하기 위한 노력을 전개하고 있다. 정당이 인터넷을 활용하는 방식은 정보확산(information dissemination), 선거운동(campaigning and electioneering), 자원 확보와 충원(resource generation and recruitment), 네트워크와 조직 연계(Networking and organizational linkage), 참여와 상호작용(participation and interactivity), 정당경쟁(party competition) 등으로 정리해 볼 수 있다(Gibson and Ward, 2000: 108-110).

정당을 비롯한 정치권이 인터넷을 적극적으로 활용하고 있다고 해도, 인터넷의 등장은 역으로 정당정치에 매우 실질적이고 의미심장한 변화를 만들어 가고 있다. 즉 정당이 인터넷을 홍보나 조직

수단으로 적극 활용하는 것과 무관하게, 인터넷의 등장이 몰고 온 정치적 환경의 변화가 정당정치에도 영향을 미치고 있는 것이다.

그런데 인터넷이 정당정치에 미치는 효과는 여러 가지 변인에 의해 제약을 받게 될 것이므로 어느 나라에서나 동일한 형태로 나타난다고 보기는 어렵다. 예컨대 정당정치의 제도화 수준에 따라 대안적 참여매체로서 인터넷이 차지하는 비중과 효과는 달라질 수 밖에 없을 것이다. 실제로 정당정치가 확립된 서구 국가들을 대상으로 한 연구에서는 인터넷이 정당정치에 미치는 영향이 그리 크지 않다는 결과가 자주 나오고 있다(예컨대, Margolis et al., 1999; Smith, 1998; Gibson and Ward, 1998 참조). 예를 들면 노동당, 보수당, 자유민주당 등 정당정치가 확고하게 자리 잡은 영국에서는 인터넷을 정당들이 당원과의 소통이나 신규 당원 모집 수단 등으로 적절히 활용되고 있으며, 인터넷이 기존 정당에 위협이 될 정도의 영향력을 갖고 있지 못하다. 인터넷의 정치적 활용에서도 소규모 정당보다 기존의 거대 정당이 보다 유리하다는 것이다. 즉 영국에서는 인터넷이 기존 정치질서에 영향을 미칠 수 있는 의미 있는 변화를 이끌어 내기보다는 소통이나 정보확산의 효율성을 높이는 형태로 수용되고 있는 것이다(Gibson and Ward, 1998).

이에 비해 우리나라에서 나타나는 정당정치에 대한 인터넷의 영향은 이보다 훨씬 크고 근본적이라고 할 수 있다. 우리나라에서 인터넷의 정치적 활용 정도는 서구의 다른 나라와 비교할 때 무척 활발하다. 단순히 참여의 수나 활용 방식의 문제뿐만 아니라 인터넷을 통한 정치참여는 이전과는 '질적으로' 다른 정치참여의 모습을 이끌고 있다. 과거에는 조직이나 금품에 의한 동원이 정치참여를 이끄는 주된 방법이었다면 인터넷 시대에는 일반 시민들이 자발적으로 정치적 논의와 여론 형성, 선거운동 과정에 참여하게 되었기 때문이다. 이러한 변화는 한국의 정당정치에 적지 않은 영향을 미치고 있다. 서구 국가들과는 달리 우리나라의 정당은 시민사회 내에 깊이 뿌리내리지 못했고 오히려 정치적 불신과 비판의 대상이 되어 왔다. 이처럼 '자발적인 형태' 정치참여를 기반으로 하는 정치적 소통 구조의 중심에 정당이 위치해 있지 못했던 입장에서 인터넷의 등장과 함께 갑작스럽게 정치참여의 기회가 크게 확대되고 개방되는 상황을 맞이하였기 때문이다. 인터넷을 통한 정치참여는 이제 기존의 전통적인 정치기구보다 더 선호되는 방식이 되었다. 우리나라에서는 인터넷이 정치적으로 활용되기 시작하면서 '전통적으로' 정치참여의 채널을 독점적으로 담당해 온 정당과 의회 등 대의민주주의의 여러 기제들은 경험하지 못한 새로운 도전에 직면하게 되었다. 또 한편으로는 정당을 대신하는 새로운 정치적 의사소통의 채널이 활성화됨으로써 여기에 참여하는 유권자의 관심사나 의사표현의 행태도 새로운 환경에 맞춰 변화하는 모습도 나타나고 있다.

이 장에서는 인터넷을 통한 정치참여의 증대가 한국 정당정치를 둘러싼 환경에 어떤 변화를 이끌어 내고 있는지 그 특성을 찾아보고자 한다. 이를 위해 우선 인터넷이라는 새로운 매체를 통한 소통방식이 일반 시민들의 정치적 관심이나 의사표출 방식을 어떻게 바꾸고 있는지에 대해서 살펴보고, 그러한 변화가 우리나라 정당정치에 어떤 영향을 미치고 있는지 분석을 위한 이론적인 틀을 제시하고자 한다.

1. 인터넷이 바꾸는 정치참여 방식의 네 가지 특성

우리나라에서 인터넷이 효율적인 정치활동의 공간으로 적극 활용되고 있지만 온라인에서도 정당이 정치참여의 중심적인 위치에 놓여 있다고 말하기는 어렵다. 인터넷 공간을 통한 정치참여는 '노무현을 사랑하는 사람들의 모임(이하 노사모)'처럼 특정 정치인을 중심으로 하는 결집이거나 혹은 특정 이슈를 둘러싼 토론이나 모임의 형태가 많으며, 정당이 인터넷 정치참여의 중심적인 역할을 하고 있지는 않다. 즉 인터넷 공간상에서 이뤄지는 정치참여는 정당과 같은 기존의 대의민주주의의 기구를 통해서라기보다 이를 우회하는 형태로 이뤄지고 있다.

그 원인은 물론 기존 정치권에 대한 유권자의 정치 불신과 실망감이 크다는 사실과 관련이 깊을 것이다. '실망스럽고 믿을 수 없는' 정당이나 정치인을 통하기보다 직접 자신의 견해를 그대로 인터넷 공간상에 표출하고 싶다는 의지가 반영된 것이다. 또 다른 이유는 인터넷이라는 매체의 속성이 중간의 매개체를 필요로 하지 않으면서도 매우 신속하고 쌍방향적인 특성을 갖는다는 점과도 관련이 있을 것이다. 그 때문에 정치적 정보의 생산자와 소비자가 중개상 없이 직접 만날 수 있게 된 것이다.

그러나 인터넷을 통한 정치참여에 정당의 역할이 제한적인 것은 이 외에도 인터넷이라는 매체를 통해 토의되는 정치적 이슈나 사안의 속성, 그리고 이러한 주제가 논의되는 방식에서 나타나는 독특한 특성이 정당정치의 조직적, 구조적 잘 조화되지 않는다는 점과도 관련이 있다. 특히 계급 등 집단적 정체성에 기초한 대중정당 조직, 포괄적 지지기반 구축을 추구하는 포괄 정당 형태 등이 인터넷 시대의 정치참여에 적절히 대응하거나 주도하기 어려운 한계를 가질 수 있다. 여기서 주목하는 것은 인터넷이라는 새로운 매체가 '주도하는' 정치참여나 정치행위는 기존의 오프라인 중심의 정치참여나 정치행위와는 본질적으로 다른 특징을 갖고 있다는 점이다. 즉 인터넷이라는 매체를 통한 정치참여가 갖는 고유하고 독특한 특성이 존재하며 그러한 독특함이 과거에 정당정치가 작동되어 온 방식과 잘 조응되기 어려운 변화를 이끌고 있다는 것이다. 여기서는 그러한 특성을 네 가지로 정리하였다(이하 강원택, 2007: 107-112 참조).

1) 파편화된 관심과 정보 습득의 편향성

정보의 바다라고 불릴 만큼 인터넷 공간은 거의 무제한적인 정보를 제공하지만 그처럼 많은 정보 속에서 실제로 개별 이용자가 관심을 갖는 부분은 대단히 제한적이라는 점에 주목할 필요가 있다. 다시 말해 아무리 많은 정보가 존재한다고 해도 그 많은 정보가 다 유용한 것은 아니며 그 속에서 필요한 정보를 골라내고 취하는 기준은 사실 대단히 개인적이다. 그 때문에 인터넷 사용자의 입장에서 볼 때 정보는 무수히 많은 것이 아니라 매우 세분화되고 제한적인 형태로 주어지는 것이며, 그 가운데 자신이 흥미를 느끼는 영역에 대해서만 관심을 갖고 선별적으로 취하게 되는 것이다.

인터넷의 이러한 특성은 다른 매체와 구분된다. 예컨대 TV의 경우라면 특정 채널을 시청하는 모든 이들에게 무차별적이고 일방적으로 동일한 정보를 제공하게 될 것이다. 그러나 인터넷은 정보의 획득 자체가 선별적이고 개인적이다. 그런 점에서 과거 매스컴 효과에 대한 탄환이론(bullet theory. 이동신, 1996: 57-58)이 설정하는 것처럼, 매스컴이 주장하는 내용이 무엇이든 마치 탄환이나 주사를 맞을 때처럼 똑같은 내용으로 받아들이고 또 똑같은 영향을 받게 된다는 주장은 인터넷에는 적용하기 어렵다.

인터넷에서는 자신이 관심이 있는 비교적 구체적으로 정의할 수 있는 관심사안을 중심으로 사용자가 직접 찾아가서 정보를 취하거나 논의에 참여하게 된다. 그 때문에 아무리 많은 사이트가 존재하고 또 헤아릴 수 없는 많은 정보가 인터넷에 '떠 있다고 해도' 대부분의 인터넷 사용자들은 자신이 즐겨 찾는 몇몇 사이트에만 접속할 뿐이다. 인터넷 익스플로러의 "즐겨찾기" 기능이 보여 주는 대로 대부분의 사람들은 매우 제한된 수의 사이트만을 방문하고 자기가 일상적으로 원하고 즐기는 정보에만 집착하는 것이 일반적이다. 이 때문에 정보의 바다라는 표현과는 달리 사용자의 입장에서는 정보의 편향성이 오히려 더욱 심각한 문제가 될 수도 있다. 인터넷 등장 이후 나타난 흥미로운 현상인 '폐인'이라는지 '마니아'의 등장도 이런 차원에서 이해될 수 있다. 매우 협소하게 정의된 자신의 관심영역에 집중적으로 관심을 기울이는 현상이 생겨나게 된 것이다. 이 때문에 수많은 정보가 주어진다고 해도 그것이 네티즌들의 정치적 지식과 정보를 자연스럽게 증대시킬 것으로만 기대하기는 어렵다. 즉 인터넷 개별 사용자의 관심사는 대단히 협소하고 구체적이다. 방안에서 몇 차례의 클릭만으로도 세상의 모든 정보와 지식을 다 알 수 있을 만큼 많은 정보가 인터넷상에 존재한다고 해도 개인 수준에서는 '개인의 관심에 따른' 선택적이고 부분적인 정보만이 의미를 갖는 것이다.

인터넷에서의 정보획득의 이러한 특성은 정치적으로도 영향을 미친다. 이와 같은 파편화된 관심 때문에 '공동체 모두의 관심사'라 할 수 있는 공공영역(public sphere)과 관련된 사안에 대한 관심이나 참여는 인터넷의 등장으로 인해 오히려 줄어들 수도 있는 가능성이 생겨난 것이다. 즉 인터넷이라는 개인주의적 매체에 빠져들게 됨으로써 개인적 관심사로의 회귀와 그로 인한 공공성의 약화라는 결과를 낳을 수 있게 된 것이다. 즉 관심영역의 과도한 분절화(hyper-segmentation)(Chadwick, 2006: 39)가 생겨날 수 있는 것이다.

인터넷상의 정보습득의 이러한 특성은 앞장에서 논의한 숙의민주주의의 가능성과 관련해서도 비관적인 전망을 가능케 한다. 인터넷상에서 이뤄지는 논의와 집단 형성은 숙의민주주의 주장자들이 기대하듯이 합리성과 이성, 상호 존중과 경청, 타협의 마음가짐이 전제되는 개방적인 공간이기보다는, 생각이 비슷한 사람들(like-minded people)끼리 모이는 배타적이고 제한적인 공간의 특성이 많이 나타날 수 있기 때문이다. 두 가지 측면에서 숙의민주주의와 관련한 문제점을 생각해 볼 수 있다. 첫 번째는 관심의 분절화로 인해 많은 사람들이 공유하는 공동의 관심사를 찾기가 쉽지 않으며 설사 그런 이슈가 생겨난다고 해도 관심의 정도는 크게 다를 수밖에 없다. 두 번째는 숙의민주주의에서 가정하는 것처럼 어떤 사안에 대해 다양한 대안을 두고 열린 마음가짐으로 견해를 서로 나누기보다는, 처음부터 유사한 의견을 가진 이들끼리만 모여 견해를 주고받음으로써 기존에 자신이 가진 생각을 보다 강화시키는(reinforcement) 현상이 나타날 수 있다(Sunstein, 2001). 앞장에서 언급한 TV 등 미디어연구의 초기에 제기된 '강화이론'과 유사한 경향이라고 할 수 있는데, 일방향적이어서 정보소비자가 수동적으로 정보를 받아들여야 하는 TV와는 달리 인터넷은 사용자가 직접 자신이 원하는 사이트를 찾아서 들어가는 선택적인 특성이 강한 매체라는 점에서 TV보다 강화 효과는 더욱 강하게 나타날 수 있다.

인터넷의 이런 특성이 정당정치와 관련하여 문제가 되는 또 다른 이유는 전통적인 정당의 조직 방식이 이러한 파편화된 관심에 적응하기가 쉽지 않기 때문이다. 특히 대중정당(mass party)의 형태는 이러한 정보획득의 선택성, 세분화, 분절화, 개인화에 대응할 마땅한 방법이 없어 보인다. 과거에 대중정당은 계급, 지역, 종교 등 '집단적으로 공유하는' 정치적 일체감에 의존해 왔다. 유권자는 몇 개의 커다란 '묶음'으로 존재해 왔고 각 정당은 그 묶음 가운데 하나를 집단적으로 대표해 온 셈이다. 어떤 정당은 노동계급의 집단적 지지에 의존했고, 다른 정당은 중산계급의 지지에 의존했고, 또 다른 정당은 특정 지역이나 언어·인종이라는 집단적 지지에 의존했다. 이런 상황에서 정당은 자신이 정치적으로 의존하는 집단의 요구에 맞는 정책 대안이나 정강정책을 마련하여 제시하고 그 대가로 정치적 지지를 확보할 수 있었다. 노동계급에 의존해 있다면 저소득층에 대한 지원의 확대나 복지정책의 확대가 지지 기반의 유지, 강화를 위해 중요할 것이고, 중산층 이상 계층의 지지에 의존한다면 세금 감축이나 정부 개입의 축소가 보다 중요했을 것이다.

그러나 인터넷을 통한 정치참여는 기본적으로 개인화, 다양화, 분절화 등의 특성을 갖는 것이므로 정당이 여기에 대응하기 위해서는 정치적으로 동질성을 갖는 대규모 집단을 대상으로 한 커뮤니케이션에서 벗어나 수적으로 분화된, 소수를 대상으로 하는 매우 다양한 형태의 맞춤형 정보(tailored information)를 제공하는 일이 필요할 것이다. 다시 말해 광역전달(broadcasting)의 형태보다 정보 수요자의 요구에 개별적으로 부합하는 협송전달(narrow-casting)이 보다 중요하게 작용할 것이다(김용철·윤성이, 2005: 27). 문제는 과연 대중정당적인 구조에 익숙해져 온 정당이 정보의 다양성과 협소성, 개인성에 기초한 분권화된 정보의 취향을 모두 만족시키는 협송전달의 기능을 제공할 수 있을 것인가 하는 점이다. 개인이 갖는 정치적 정체성이 미세화, 개인화됨으로써 이를 집단적으로 묶어내는 일이 이전에 비해서 훨씬 어려워졌기 때문이다.

대중정당이 정치환경의 변화라는 도전에 직면하게 된 것은 물론 처음은 아니다. 1960년대 이후 서구 정치에서는 계급정치의 약화라는 상황의 변화에 대응하여 대중정당은 계급적으로 배타적인 대표성을 완화시키고 탈계급적인 다양한 견해를 가능한 최대한 수용함으로써 득표력을 최대화하려는 포괄정당(catch-all party. Kirchheimer,

1966)으로 변신해 왔다. 그러나 당시 정당이 처했던 상황의 변화를 인터넷의 등장 이후 생겨난 변화와 비교하기는 어렵다. 포괄정당을 비롯한 서구 정당정치의 변화는 계급의식의 약화 추세라는 현상적인 변화에도 불구하고, 메어(Mair, 1997)가 지적했듯이 근본적인 정당지지 기반의 변화가 생겨난 것을 의미하는 것은 아니기 때문이다.

그러나 인터넷을 통한 정치참여의 확대에 정당이 대응하기 위해서는 공동의 정치적 정체성을 가진 집단이 아니라 수많은 소단위로 분절화된 다양한 소수의 요구에 응답해야 한다는 점에서 과거처럼 계급성의 약화에 대한 대응보다 더욱 어려운 도전에 직면해 있다고 할 수 있다. 정당 입장에서는 다양한 정치적 요구를 만족시킬 수 있는 정책이나 정보의 개발도 매우 어려운 일일 뿐만 아니라 다양한 요구를 만족시키면서 동시에 정책적 일관성을 유지하기도 사실상 불가능하기 때문이다. 이런 점에서 볼 때 파편화된 관심과 정보습득의 편향성은 정치정보의 제공과 해석과 관련된 전통적인 정당의 역할과 기능에 새로운 도전이 되고 있는 것이다.

2) 감성적인 매체

인터넷은 감성적인 매체라고 할 수 있다. 인터넷 이전에 존재한 매체 가운데서 종이 신문이 이성적인 매체라면 TV 등은 감성적인 매체로 구분되어 왔다. 인터넷은 텍스트와 영상이 결합되어 있지만 디지털이라는 특성상 역시 감성적인 매체로 구분될 수 있다. 인터넷이 감성적인 매체라는 것은 인터넷을 통해 주목을 끄는 이슈들은 감성에 호소하는 이슈이며 재미와 자극이 매우 중요하다는 말이다. 감성적인 매체라고 해도 TV의 경우 정보를 일방적으로 공급하지만 인터넷은 디지털 기기의 발달과 함께 과거 정보의 소비자로 머물던 이들이 직접 콘텐츠의 공급자가 될 수 있다는 점에서 이러한 특성은 오히려 강화되었다. 최근 들어 유튜브(www.YouTube.com)처럼 사용자제공콘텐츠(UCC)가 제공하는 동영상사이트가 관심의 대상이 되고 있는 것도 이러한 감성적 매체로서 인터넷의 특성을 잘 보여 주는 것이다.

감성적인 매체라는 특성은 정치적인 이슈에 대해서도 중요하게 작용한다. 우리나라의 경험은 인터넷을 통한 정치참여의 성공적인 사례로 종종 이야기되지만 대중 동원을 이끌어 낸 사안들은 감성적인 이슈들이 대부분이다. 특히 민족주의라는 감성을 자극하는 정치 이슈가 인터넷을 통한 정치참여를 확산시켰다. 대표적인 경우가 2002년 있었던 여중생 사망사건에 항의하는 촛불집회라고 할 수 있다. 인터넷에 한 개인이 제안한 사망 여중생 추모를 위한 촛불집회가 그토록 엄청난 정치적 결과를 낳게 된 것은 물론 한국과 미국 간의 불평등한 관계와 그로 인한 피해의식이 널리 확산되어 있었다는 구조적인 요인이 내재되었기 때문일 것이다. 그럼에도 불구하고 유독 그 사건이 짧은 시간 내에 인터넷상에서 널리 확산되고 공감을 받을 수 있었던 중요한 또 다른 원인은 그것이 민족주의를 자극하는 감성적 이슈였기 때문이다. 여중생 사망 현장의 참혹한 사진이나 격한 감정이 토로된 댓글이나 게시판의 논의들이 그러한 정보에 접한 이들의 감정을 또 다시 자극하고, 그로 인해 이를 순식간에 전달하고 폭넓게 확산시킬 수 있던 것이다.

인터넷을 통한 정치참여의 이러한 특성을 잘 보여 주는 또 다른 사례는 디시인사이드(http://www.dcinside.com)에서의 정치토론 게시판이다(이하 송경재, 2005 참조). 디시인사이드는 정치지향적인 토론사이트가 아니라 특정한 시기에 관심을 끄는 사안에 대해 자발적으로 토론에 참여하고 이를 확산시키고 있으며, 회원가입 없는 공개 게시판이라는 점에서 이런 특성을 확인하는 데 좋은 사례가 될 수 있다. 2002년 11월 29일부터 2004년 12월 30일까지 디시인사이드 게시판에 논의된 토론 주제 가운데 토론 건수가 최다인 것은 대통령 탄핵안 가결 건이었다. 참여자의 수도 많았지만 매우 오랫동안 논의가 지속되었다. 그 다음으로는 밀양 여중생 성폭행(11,482회), 미군 여중생 살해사건(3,321회), 유승준 입국 찬반 논쟁(2,362회), 한국인 인질피살과 이라크 파병(864회)의 순이었다. 그런데 탄핵 건을 제외하면 이들 이슈가 갖는 공통점은 모두 감성적 자극을 주는 이슈였다는 점에 주목할 필요가 있다. 이에 비해 대통령 특검 거부권, 수도 이전 위헌 결정 등 보다 '건조하고 딱딱한', 이성적인 논의를 필요로 하는 사안에 대한 토론참여 건수는 상대적으로 크게 낮았다.

인터넷 논의의 이런 특성을 확인하는 데는 임화란(2005)의 연구가 흥미롭다. 이 연구에서는 이슈의 성격을 '이성적 이슈와 감정적 이슈' '연성 이슈와 경성 이슈' 그리고 '개인의 이해와 관련된 이슈와 국가·민족·정치단체의 이해와 관련된 이슈'의 세 차원으로 구분하고 이슈의 특성에 따라 인터넷에서의 토론이 어느 정도 활성화되는지에 대해 분석하였다. 분석 결과 우리나라에서는 '감정적 이슈, 경성 이슈 그리고 공동체와 관련된 이슈'에 대한 토의가 보다 활발한 것으로 나타났다. 이는 '이성적 이슈, 연성 이슈, 그리고 개인의 이해 관련 이슈'가 보다 활발했던 영국의 경우와 매우 대조적인 결과라고 지적하고 있다. 이러한 연구 결과는 매우 흥미롭다. 우리나라의 인터넷 토론의 결과 '공동체 관련 이슈'에 대한 토론이 활발하다는 것은 그만큼 인터넷을 통한 정치적 논의가 상대적으로 활발하다는 것을 의미하는 것으로 보인다. 또한 '경성 이슈'에 대한 높은 관심도 정치, 국제정치·안보, 경제 등 정치적으로 보다 중요한 이슈에 관심이 많다는 것을 나타내는 것으로 해석할 수 있다. 이 연구에서 특히 주목할 점은 감정적 이슈에 대한 토론이 활발하다는 부분이다. 이 연구에 포함된 감정적 이슈는 이승연 위안부 누드 사건, 일본과의 독도 공방, 일본 식민 지배는 축복 발언 파문, 이라크에서 김선일 씨 피살, 이라크 포로 학대, 얼짱 몸짱 열풍 등이 포함되어 있다. 여기서 제시된 이슈 가운데 앞의 세 개는 일본과 관련된 민족주의적 이슈라는 점도 지적할 만하다.

그런데 감성적인 이슈는 이성적이고 합리적인 토론보다 공동의 적을 향한 격한 감정이나 분노의 분출과 같은 형태로 논의가 진행되기 쉽다. 이런 상황에서는 정당이 차분하고 합리적인 방식으로 시민사회 내에서 이뤄지는 정치적 토론을 중재하고 합의를 도출하거나 책임 있는 대안을 만들어 내는 정치적 채널로서의 기능을 제대로 수행하기 어렵게 된다. 오히려 '적군과 아군', 혹은 '선과 악'이라는 이분법적 대립구조에 휩쓸려 정당이 이러한 군중심리를 추종해 가거나 혹은 그 스스로 포퓰리즘적인 주장을 내세우게 되는 경우도 생겨날 수 있다. 최근 유럽에서 극우정당에 대한 지지율이 올라가는 데서 알 수 있듯이, 인종주의처럼 감성을 자극하는 포퓰리스트적인 이슈를 제기함으로써 지지를 이끌어 내려는 건강하지 못한 움직임은 기존 정당정치에 대한 불만이 있는 곳이라면 어디서나 생겨날 수 있다. 인터넷을 통한 정치참여의 확대는 이러한 경향을 더욱 강화시킬 수 있다는 점에서 정당정치에 대한 또 다른 심각한 도전을 제기하고 있는 것이다.

3) 이슈의 연성화

세 번째로 들 수 있는 인터넷을 통한 정치참여의 특성은 이슈의 연성화이다. 인터넷을 통해 논의되는 많은 이슈는 이념이나 체제, 가치, 세계관, 원칙과 같은 추상적인 논의나 거대 담론보다 구체적이고 실질적인 사안에 대한 것들이다. 또한 안보, 국방, 외교, 권력 등 고위 정치(high politics)보다 주변의 실생활과 관련된 복지, 보건, 환경, 교육 등 하위 정치(low politics)의 중요성이 상대적으로 더욱 커졌다. 내가 쉽게 실감할 수 없는 '고차원의' 문제보다 내 생활 주변에서 흔히 접하는 다양한 문제에 대한 관심이 더욱 커진 것이다.

그런데 엄밀히 말한다면, 이러한 변화는 사실 인터넷 등장 이전부터 시작되었다. 탈물질주의(post-materialism)의 등장과 함께 과거 근대 산업사회의 계급정치가 대표하는 물질적 가치의 배분을 둘러싼 다툼에서 벗어나, 환경과 같은 새로운 영역에 대해 관심을 갖기 시작한 것이다. 1970년대 독일을 중심으로 나타난 신사회운동 등이 이런 움직임의 좋은 예가 될 수 있을 것이다. 이러한 탈물질주의적 정치의 특성은 인터넷의 등장 이후 더욱 강화되고 있다. 이에 더하여 국제정치적으로 탈냉전, 탈이념적 시대의 분위기 역시 체제, 안보, 권력과 같은 경성 이슈보다는 자신의 일상생활과 보다 가까운 생활정치적인 영역에 보다 큰 관심을 쏟게 된 원인으로 보인다(Nye, Jr., 2004; 김상배 외, 2005 논의 참조). 세계화의 추세 역시 이러한 정치적 관심의 변화에 영향을 미치고 있으며, 우리나라의 경우에는 이전에 비해 지방정치가 활성화되고 있다는 점도 생활정치의 중요성이 부각되고 있는 또 다른 요인일 것이다.

최근 주목할 만한 인터넷 공간상의 논의는 아파트 주민 참여운동이나 특정 제품에 대한 리콜이나 불매운동 등 이전에는 정치적 행동의 대상이라고 보기 어려웠던 사안에 대해서도 활발한 활동이 이뤄지고 있다는 점이다. 이와 같은 '사소하고 잡다한' 생활 주변의 문제에 대한 집단적 관심과 해결방안의 모색 등은 생활정치의 공간으로서 인터넷이 갖는 중요한 특성을 잘 보여 주고 있다. 앞에서 지적한 대로, 인터넷을 통한 공공영역에 대한 논의, 공론을 통한 숙의민주주의의 가능성이 논의되고 있지만, 사실 보다 많은 사람들이 관심을 갖고 참여하는 이슈는 근본적으로는 '개인적인' 것들이 많다. 즉 거대담론이나 집단적 정체성에 기반한 소속감에서 벗어나 지극히 '개인적이고 사소한' 사안에 대한 관심이나 참여의 유인이 커지게 된 것이다. 물론 부안 방패장 문제처럼 환경 이슈가 지역적으로 매우 심각한 정치적 논란과 갈등의 원천이 되는 경우도 생겨날 수 있다. 손쉽게 쌍방향적으로 소통할 수 있는 인터넷이라는 매체의 속성상 아무리 사소하더라도 '생활 주변의 모든 일'이 대화와 논의의 소재가 될 수 있기 때문에, 생활 정치적 속성은 앞으로도 더욱 강화될 것으로 보인다.

이런 특성은 단지 이슈의 속성뿐만 아니라 정치인에 대한 태도에서도 잘 확인된다. 정치인들을 평가하고 판단하는 데 이념, 정견과 같은 '무거운' 내용보다 취미, 외양 등 보다 '가볍고 홍미로울 뿐만 아니라' 자신의 생활에서 유사성을 찾을 수 있는 측면을 중시하기도 한다. 최근 들어 많은 이들이 정치인의 싸이월드(www.cyworld.com) 미니홈피에 관심을 갖고 방문하는 것도 이런 차원에서 설명할 수 있다. 싸이월드는 공식 홈페이지와는 달리 개인의 신상 이야기나 생활 주변의 단상 등 상대적으로 가벼운 소재를 담고 있다. 정치인의 사상과 이념, 정책 성향 등에 대한 관심보다는 미니홈피에 올려놓은 글이나 사진을 통해 생활인으로서의 정치인의 모습을 바라보고 이해하고 싶은 마음을 반영한 것이다. 이처럼 최근 인터넷을 통한 정치참여는 '무겁고 심각한' 이슈보다는 생활 주변의 가벼운 이슈에 대한 관심과 반응이 보다 강하게 나타나고 있다.

그러나 이러한 생활정치에의 높은 관심에 정당정치가 대응하기 위해서는 정당조직의 형태가 중앙당을 중심으로 하는 위계적이고 중앙집중적인 형태보다 매우 분권화되고 자율성 강한 네트워크 형의 조직이 보다 유리할 것이다. 그러나 기본적으로 이념과 대의를 중심으로 조직되었고, 중앙당을 중심으로 위계적으로 조직된 대중 정당의 조직적 특성에서 벗어나는 일은 그리 쉬운 일이 아니다. 설사 분권적이고 자율적인 하부 조직의 건설에 성공하였다고 해도 그러한 다양한 영역에서 제기되는 생활 이슈를 어떻게 개별적으로 일일이 반영하고 또 일관성 있는 정책대안으로 종합해 낼 수 있는가 하는 문제는 여전히 남는다. 즉 이처럼 '일상적이고 사소한' 요구를 과연 정당이라는 조직의 틀 속에서 모두 소화해 낼 수 있을 것인가, 어느 정도까지 정당정치가 이러한 사안에 대응할 수 있을까 하는 점은 인터넷 시대 정당정치의 새로운 도전이다.

4) 의제설정 권력의 민주화

인터넷은 동시에 다수의 참여가 가능하고 매우 신속하게 정보 확산을 가능케 하는 매체라는 점에서 사회적으로 중요한 의제의 설정에 대해서도 매우 효과적이고 강력한 영향력을 발휘할 수 있다. 이 때문에 이젠 누구나 사회적으로 주목받을 수 있는 의제를 만들어 낼 수 있다. 사실 인터넷의 이러한 특성은 그동안 경험적으로나 이론적으로나 자주 논의되어 온 것이기 때문에 특별히 새로울 것도 없다. 몇 해 전 사회적으로 커다란 논란을 불러 일으켰던 '개똥녀 사건' '부실 도시락 사건' '전경부대 알몸 진급식' '군 훈련병 인분 사건' '간호조무사의 신생아 학대' 등은 모두 이제는 개인이 사회적으로 중요한 의제를 얼마든지 설정할 수 있음을 보여주는 좋은 예가 된다.

이러한 변화는 정당정치를 둘러싼 환경과 관련해서 볼 매우 중요한 의미를 지닌다. 과거에는 정치적, 사회적 사건에 대해서 정치 과정상의 중간매개 집단에 의해 해석하고 평가된 정보를 일반 시민들이 수동적으로 받아들여야만 했던 것에 비해서 이제는 인터넷을 통해 정치적, 사회적 사건에 대해 해석되지 않은 원래의 정보나 이에 대한 다양한 평가에 손쉽게 접근할 수 있게 되었다. 다시 말해서 과거 정당, 언론, 이익집단 등이 여론의 형성, 전달 과정에서 누렸던 게이트키핑(gatekeeping)이나 의제형성(agenda setting)의 권한이 인터넷의 등장 이후에는 불가피하게 축소될 수밖에 없게 되었고 과거 이들 중간 매개집단이 지니고 있던 권한과 기능이 사실상 인터넷을 사용하는 모든 이들에게 개방된 셈이다.

주간 시사저널이 2006년 실시한 전문가집단 조사에서 인터넷 포털 네이버가 6위, 인터넷 신문인 오마이뉴스가 9위, 그리고 인터넷 포털 다음이 10위로 선정되었다.[1] 10대 영향력 있는 매체 가운데 세 개가 인터넷을 기반으로 한 것이라는 점에서 인터넷의 영향력이 얼마나 증대되었는지 잘 알 수 있다. 이 가운데 오마이뉴스(www.ohmynews.co.kr)는 몇 해 전에 비해서는 등수가 다소 낮아지기는 했지만 인터넷 포털사이트와는 달리 오로지 뉴스의 생성과 전달만을 목적으로 하는 인터넷상 언론매체라는 점에서 주목할 만하다. 온라인에 기반한 언론매체가 오랜 역사와 권위를 갖고 거대자본을 필요로 하는 오프라인상의 주요 매체들과 어깨를 나란히 할 수 있게 되었다는 것이다. 다음 글은 2004년 3월 가톨릭교회의 함세웅 신부가 오마이뉴스와 행한 인터뷰 내용이다.

> 70년대에도 큰 사건들이 많이 있었습니다. 그러나 그때도 그들은 단 한 줄도 보도하지 않았습니다. 지금은 촛불집회가 있고, 한겨레가 있고, 인터넷이 있습니다. 그때에 비하면 너무도 변한 아름답고 좋은 세상입니다. 저는 인터넷이 조중동을 이긴다고 생각합니다. 이

---

1) http://jpeople.chol.com/index.html?cat=SPE&cmd=view&num=297(검색일 2007. 3. 10).

것이 바로 기적이 아닙니까[2]

함세웅 신부가 지적한 대로, 인터넷매체가 조선·중앙·동아일보와 같은 주요 매체들을 정말 이긴다고 말할 수 있는 것인지 확신할 수 없지만, 이 말은 적어도 과거처럼 거대 자본과 공식화된 기구만이 의제설정의 영향력을 행사할 수 있었던 것으로부터 커다란 변화가 발생했음을 보여 주는 것이다. 윤성이(2005: 7) 역시 "기존의 매스미디어와는 달리 인터넷을 통해서는 사이버 공간상의 누구와도 접촉이 가능하다. 이는 정보제어를 통해 국민여론을 통제하기를 원하는 지배계층의 위계구조(hierarchy)와 권위(authority)의 붕괴를 의미한다. 인터넷의 이러한 특성은 기존의 정치매개집단인 언론과 정당, 이익집단들의 여론형성 기능의 약화를 가져오게 된다"고 지적한 바 있다. 특히 2002년 여중생 사망 사건을 계기로 한 촛불집회는 온라인상에서의 의제설정뿐만 아니라, 온라인을 통한 공론장과 참여를 통한 쌍방향 커뮤니케이션의 실현, 그리고 오프라인을 통한 참여와 결집, 이 두 가지가 상호작용하고 결합할 때 인터넷을 통한 정치 커뮤니케이션이 엄청난 위력을 발휘할 수 있음을 보여 주는 것이었다.

의제설정 권력의 민주화와 관련하여 정당정치에 미치는 영향은 우선 정당을 우회해서 누구나 단독으로 중요한 정치적 의제를 만들어 낼 수 있게 되었고 그만큼 이에 대한 정당의 영향력이 줄어들게 된 것이라고 할 수 있다. 그러나 보다 중요한 점은 의제설정뿐만 아니라 그 논의와 여론형성 과정에서도 정당이 소외되는 현상이 나타나고 있다는 점이다. 예컨대, 2004년 탄핵과 그 이후 17대 총선기간 동안 인터넷상의 정치 관련 사이트의 주간 방문객 수

---

2) http://www.ohmynews.com/articleview/article_view.asp?at_code=178219(검색일 2006. 12. 27).

를 비교해 보면, 디시인사이드에 400만 명, 오마이뉴스에 500-700만 명이 방문한 반면 주요 정당 사이트에는 50만 명 정도에 머물러 있었다. 주요 정당이 인터넷 공간상에서 유권자들을 효과적으로 동원하는 데 실패하고 있음을 보여 주는 것이다(이원태, 2004: 70). 정당이 아니라 인터넷 공간상의 독립적인 사이트가 정치적 논의를 이끌고 여론을 형성해 갔다는 사실을 알 수 있다. 정치적 이슈의 제기와 의제 설정을 통해 지지를 규합하고 사회 내 갈등을 해소해 내는 '전통적인' 정당의 역할이 크게 약화되고 있는 것이다. 각 개인이 인터넷상에 올린 의제가 사회적으로 주목받게 되더라도 이에 수동적으로 뒤따라가는 것 이외에는 정당이 제도적으로나 근본적으로 대응할 방안이 마땅치 않다는 점이 인터넷 시대 정당정치의 또 다른 한계를 보여 주고 있다.

2. 분석틀

지금까지 논의한 대로, 파편화된 관심, 감성적 매체, 생활정치, 의제설정 권력의 민주화라고 하는 인터넷 정치의 특성은 정치적 환경에 적지 않은 변화를 이끌고 있다. 이러한 정치환경의 변화는 정치체계 내 중요한 정치적 행위자인 정당의 '전통적인' 활동 방식에 상당한 영향을 미치고 있으며 그 결과 이전과는 질적으로 달라진 새로운 환경에 적응해야 한다는 과제를 주고 있다. 무엇보다 인터넷을 통한 정치참여의 증대는 과거 집단적으로 공유하는 이해관계나 이념에 의해 대중을 조직하고 정치적 지지를 동원해 온 대중정당적 조직이 효과적으로 대응할 수 있는 방법을 어렵게 만들고 있다.

이러한 인터넷 정치의 특성은 정당정치에 어떤 영향을 미치고 있을까? 앞에서 논의한 네 가지 인터넷 정치의 특성이 정당정치에 미칠 수 있는 중요한, 그러나 의도하지 않은, 정치적 환경의 변화는 다음과 같은 네 가지로 정리해 볼 수 있다.

(1) 인물 중심의 결집
(2) 이슈의 파편화, 개인화
(3) 정치참여 동인의 변화: 놀이와 재미
(4) 대안적 매개를 통한 참여

이러한 인터넷으로 인한 네 가지 정치적 환경의 변화에 대해서는 다음 4장부터 7장까지 각 장별로 상세히 다루게 될 것이지만, 여기서는 개략적으로 그 의미에 대해서 〈그림 3-1〉을 통해 간략하게 살펴보기로 한다.

〈그림 3-1〉의 가운데에 놓인 네 가지 요인이 앞에서 설명한 인터넷 정치의 특성을 정리한 것이다. 그리고 그 주변에 위치한 원 속의 네 가지 현상이 그로 인한 정치적 환경의 변화를 가리키는 것이다. 여기서 주목할 점은 인터넷 정치의 특성이 단지 정치참여 형태의 변화뿐만 아니라 정치적 참여자가 갖는 정치적 관심의 대상도 변화시키고 있다는 것이다. 그리고 제일 외곽에 제시된 네 가지는 이러한 변화로 인해 생겨나는 정당정치에 대한 영향과 결과를 가리키는 것이다.

앞서 지적한 대로 인터넷이 감성적인 매체이고 일상적인 '사소한' 문제에 관심을 갖는다는 것은 참여의 동인으로서 정치적 정체성이나 집단 귀속감과는 달리 '놀이와 재미'라는 차원에서 정치를 바라보고 또 참여하게 되는 결과를 낳고 있다. 놀이와 재미는 전통적인 정치참여의 동인과는 구분되는 새로운 동인이라는 점에서 계

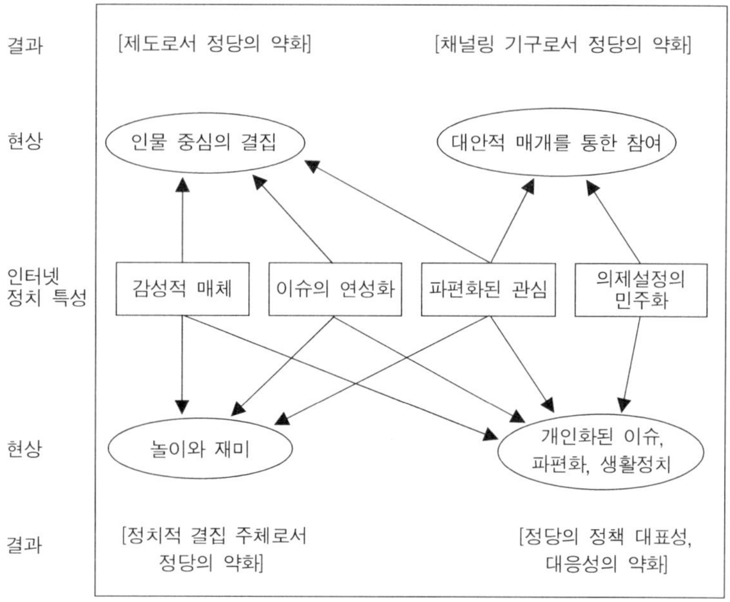

<그림 3-1> 분석의 틀

급이나 지역, 이념, 종교, 언어 등 집단적 정체성에 기반을 둔 조직과 참여를 통한 정치적 동원을 어렵게 만들고 있다. 이러한 특성은 이슈의 연성화, 파편화된 관심도 마찬가지여서 과거처럼 동질성을 가진 집단의 요구를 반영하고 그것을 정책으로 전환했던 형태와는 달리 이제는 협송전달(narrow-casting)과 다양화된 맞춤형 요구에 대응해야 하는 상황을 맞이하게 된 것이다. 또한 의제설정 권력이 민주화됨에 따라 정당을 우회하는 여론 형성이나 정치적 결집이 이뤄질 수 있게 됨에 따라 정당이 정치체계 내에서 전통적으로 담당해 왔던 역할이 크게 약화되고 있다. 또 한편으로는 기존 주요 정당이 설정한 제도적, 물질적 진입장벽(threshold)이 인터넷이라는 값싸고 손쉬운 의사소통과 결집의 공간이 생겨남에 따라 사실상 매우 낮아지게 되었고 이로 인해 새로운 정당이 인터넷을 기반으로 생겨나고 힘을 늘려갈 수 있는 가능성 역시 커지게 되었다. 그런 만큼 정당체계의 유동성은 커질 수 있는 것이다.

이러한 변화는 기존 정당정치에 심각한 도전으로 다가오고 있지만 인터넷을 통한 정치참여의 증대는 시대적으로 거스를 수 없는 추세로 보인다. 이 책에서 특히 관심을 갖는 부분은 대중정당이나 포괄정당처럼 제2차 세계대전 이후 서구를 비롯하여 각 국가에서 운영해 온 대표적인 정당조직 형태가 인터넷의 등장으로 조직상의 한계를 드러내게 되었고 새로운 변화를 강요받고 있다는 점이다. 개인화되고 파편화된 정체성, 감성과 재미 중심의 참여, 그리고 생활 중심적인 연성 이슈의 등장은 모두 근대사회에서 집단적 정체성에 기초한 대중정당 구조가 쉽게 포용하기 어려운 변화들이라고 할 수 있다. 또한 '모두를 잡겠다(catch all)'는 전략을 추구하는 포괄정당(catch-all party)의 입장과는 달리 세분화되고 다양화된, 그리고 개인적인 이해관계와 요구를 정당이 조직적인 방식으로 동시에 모두 수용한다는 것이 쉽지 않은 상황을 맞이하게 된 것이다.

인터넷 공간상에서 나타나는 정치참여와 논의의 이러한 특성을 고려할 때 정당이 인터넷을 통한 정치참여의 새로운 변화를 적극적으로 수용하고 대처하는 데는 한계를 가질 수밖에 없을 것으로 보인다. 또한 대안적 정치참여의 공간으로 인터넷의 영향력이 증대되는 만큼 정당이 과거와 같은 독점적 정치 채널로서의 지위와 중요성을 계속해서 유지하기 어려운 환경에 직면해 있다고 할 수 있다. 이런 문제의식으로부터 이 책에서는 인터넷이 정당정치에 미치는 궁극적인 영향을 다음과 같은 세 가지로 정리한다.

① 인터넷을 통한 정치참여는 개인화, 세분화, 다양화의 특성을 지님으로써 집단적 정체성과 공유된 정체성에 기반해 온 대중정당

(mass party)의 대응을 어렵게 하고 있다.

② 인터넷은 정당조직보다 인물 중심의 결집을 더욱 강화시킴으로써 전반적으로 정치적 요구 결집의 주체로서 정당의 기능 약화를 이끌고 있다.

③ 인터넷은 연성정치, 생활정치를 이끌어 이슈나 정책에 대한 정당의 대응이나 반응을 어렵게 하고 있다. 특히 이념적, 정책적 차이를 넘어 유권자 다수로부터 지지를 이끌어 낸다는 포괄정당(catch-all party)의 대응을 어렵게 하고 있다.

여기서 지적할 점은 이 책의 목적은 인터넷이 정당정치에 부정적인 영향을 미치고 있다는 점을 강조하려는 것이 아니라는 점이다. 오히려 이 책에서 말하고 싶은 부분은 인터넷을 통한 정치참여에서 나타나는 다양성과 분절화라고 하는 특성이 그 매체의 특성상 불가피한 것이라면, 그러한 상황에서 보편성과 통합의 문제를 어떻게 해결할 것인가 하는 점이 인터넷을 통한 정치참여 시대에 정당정치에 주어진 보다 중요한 과제가 되고 있다는 점이다. 어떤 매체에 의해, 어떤 형식으로 정치참여가 이뤄지더라도 정치의 기능은 기본적으로 갈등 해소를 통한 통합과 사회적 합의의 도출이기 때문이다. 과거에는 제도적으로 그 역할을 정당이 맡아 왔지만 인터넷 등장 이후 변화된 환경하에 적응해야 한다는 점에서 정당정치는 새로운 변화와 도전에 직면해 있는 것이다. 다음 장부터는 이러한 논의를 토대로 한국 정치의 구체적인 경험 속에서 이 장에서 제시한 주장들을 각각 상세하게 검토해 보기로 한다.

제 4 장

인터넷과 정치적 집단의 형성

1. 정치인 팬클럽의 사례
2. 인터넷을 통한 개인 지지의 결집

제 4 장 인터넷과 정치적 집단의 형성: 인물 중심의 결집

정당은 오랫동안 정치적 결집의 중심적 기구로 기능해 왔다. 특히 서구 정치에서 정당은 19세기 이래 시민사회와 국가를 연계하는 정치참여와 대의를 위한 가장 효과적인 채널로 기능해 왔다. 정당은 권력장악을 위해 지지자를 규합하고 이익을 결집했으며 그렇게 결집된 이해관계는 정당의 집권을 통해 정책으로 실현되었다. 그러나 제1장에서 지적한 대로, 1970년대 이래 정치체계 내에서 정당이 차지하는 역할과 위상이 약화되는 경향이 나타나고 있다. 고용구조의 변화와 계급성의 약화, 그리고 새로운 이슈의 등장과 같은 사회경제적 구조의 변화에 따른 결과라고 할 수 있다.

그런데 정당의 역할에 영향을 미치는 제도적인 요인도 있다. 예비선거(primary)가 그 예가 될 수 있다. 미국에서는 예비선거제도(primary)가 도입되고 난 이후 공직후보 결정 과정에서 정당의 영향력이 약화되고 후보자 중심의 선거운동으로 변환되는 결과를 낳았다(Ware, 1996: 264-266). 1960년대 후반 이후 예비선거제도가 확대되면서 정당 엘리트가 공직후보 선출 과정에서 행사했던 권한은 일반 유권자의 참여가 증대되면서 약화되었지만 동시에 선거운동 역시 정당중심에서 후보자 중심으로 변화해 갔다(강원택, 2003b: 252).

이와 함께 들 수 있는 또 다른 요인은 정치 커뮤니케이션 방식의 변화이다. 1960년대 이후 TV가 중요한 선거운동의 수단으로 등장하게 되면서 과거처럼 정당의 하위 조직과 적극적인 당내 활동가(party activists)를 중심으로 정당이 주도하는 면대면 방식의 선거운동에서 보다 전문성을 갖춘 선거 참모의 기획과 전략에 따라 선거운동이 이뤄지게 되었다. 즉 선거운동의 전문화(professionalization)의 추세가 강화되고 있으며 이로 인해, 앞에서 언급한 대로, 최근의 정당조직이 대중정당에서 선거-전문가 정당(electoral-professional party)(Panebianco, 1988)으로 변화하고 있다고 보기도 한다. 사실 TV가 정치적으로 적극적으로 활용되면서 선거운동 방식은 후보자의 개인적 특성이 강조되는 경쟁(personality contests), 대중에 영합하는 방식으로 쉽거나 패키지화한 정치 메시지(dumbed-down or packaged messages), 정보의 중앙화된 통제, 정치전략가(spin doctors), 사운드바이트(sound bites), 그리고 '유희적 정보(infotainment)' 등의 현상이 부상하면서, 선거는 중요한 사회적 이슈를 다루는 정치 행사라기보다 흥미진진한 '게임'으로 변모(Chadwick, 2006: 147)해 가는 경향이 나타나게 되었다. 이로 인해 정치인의 개인적 커뮤니케이션 능력이 중요해졌고 또한 정치인들은 정당의 지지자들이나 당원, 혹은 정당의 기구를 통하지 않고 유권자에 직접 호소할 수 있게 되었다. 그런 만큼 자금 모금이나 지지 호소를 위해 이전만큼 의존하지 않게 되었다.

TV와 같은 정치 커뮤니케이션 매체의 등장으로 인한 정치적 변화는 인터넷의 효과를 이해하는 데에도 도움을 준다. TV가 일방향성의 매체라면 인터넷은 쌍방향의 소통이 가능한 매체라는 점에서 정치인들이 정당을 통하지 않고도 지지자나 일반 유권자와 직접 접촉할 수 있게 해 준다. 더욱이 동시에 다수의 유권자를 지구당이나 당원 대회 등 당 조직에 의존할 필요 없이 접할 수 있으며 일상적으로 이들과 교류할 수 있는 공간을 제공해 준다. 그런 점에서 볼 때 인터넷은 개별 정치인이 정당으로부터 자유롭고 독립적으로 지지자를 규합하고 결집할 수 있는 가능성을 열어 주고 있다. 그런 만큼 인터넷은 예비선거나 TV 선거운동의 도입과는 또 다른 방식으로 정당의 약화에 영향을 미치고 있는 것이다. 이미 여러 나라에서 많은 정치인들이 정당과는 별도로 자신의 홈페이지나 블로그(blog)를 개설하고 있고 이러한 인터넷 공간을 통해 지지자들을 만나고 의견을 주고받고 있다.

그러나 인터넷이 어디서나 정당을 약화시키고 개인 중심의 결집으로 이끄는 결과를 가져오는 것은 아니다. 정당정치의 제도화 수준이 높거나 선거에서 소속 정당이 중요하다면 인터넷의 영향력은 한계가 있다. 선거경쟁이 정당 중심으로 이뤄지는 내각제 국가에서라면 개별적인 정치인이 인터넷을 통해 정치적 지지를 규합할 수 있는 것은 한계가 있을 수밖에 없다. 예를 들면, 영국에서는 개인 홈페이지를 갖고 있지 않은 정치인들이 많은 편이다. 2001년 총선을 기준으로 할 때 전체 후보자 가운데 1/4 정도만이 자신의 홈페이지를 갖고 있었다(Ward and Gibson, 2003: 192). 정당 요인이 선거에서의 당락에 미치는 영향이 크다면 굳이 인터넷을 통해 개인을 알리려는 노력을 할 필요성은 크지 않을 것이다.

우리나라 국회의원들은 영국과는 달리 거의 모두가 개인 홈페이지를 갖고 있다. 그러나 개설된 정치인 홈페이지는 대체로 의원들이 자신의 생각이나 의견, 정치적 활동사항을 홍보하기 위한 일방적(one-sided) 소통의 공간으로 이용되고 있는 것이 현실이다. 인터넷상의 홈페이지나 인터넷 카페가 정치인과 지지자들 간의 상호소통의 공간으로 활용되고 더욱이 그 정치인을 중심으로 결집되는 수준으로까지 발전되는 경우는 그리 흔치 않다. 우리나라 정당의 제도화 수준은 높다고 할 수 없지만 국회의원 선거에서는 후보자라는 개인 요인보다 소속 정당이 중요하게 영향을 미친다는 점도 그 원인 중 하나일 것이다.

그러나 노무현, 박근혜와 같이 대통령 선거의 주요 후보자들의 경우에는 인터넷을 통해 지지자들이 결집하는 양상을 보이고 있다. 즉 국회의원 선거보다는 대통령 선거에서 지지자들이 주요 정치인을 중심으로 인터넷상에서 결집하는 양상이 보다 두드러지게 나타나고 있다. 이러한 인물 중심의 규합, 팬클럽적 속성의 정치인 지지 모임의 가장 대표적인 경우는 2002년 대통령 선거운동 기간 동안 큰 활약을 한 '노사모'일 것이다. 대통령 선거에서 후보자별 결집이 강하게 나타나는 까닭은 우리나라 정당의 제도화가 낮은 탓에 민주화 이후 모든 대통령 선거마다 인물 중심의 경쟁이 강하게 나타났다는 사실과 관련이 있을 것이다. 더욱이 2002년 새천년민주당의 국민참여경선은 일종의 예비선거 방식이라는 점을 고려할 때 미국에서처럼 정당보다 후보자 중심으로 지지가 결집되는 현상이 나타난 것으로 볼 수 있다. 그리고 인터넷은 그러한 경향을 더욱 가속화시킨 것이다. 미국에서도 최근 각 정당의 예비선거 과정에서 인터넷을 통해 특정 후보를 중심으로 지지자들이 결집되는 현상이 나타나고 있다.

이 장에서는 인터넷 공간상에서 팬클럽처럼 특정 정치인을 중심으로 지지가 결집되는 현상을 분석하고 이런 현상이 정당정치에 미치는 영향에 대해서도 논의할 것이다. 이를 위해 우선 가장 대표적 사례인 노사모에 대해서 살펴보기로 한다.

1. 정치인 팬클럽의 사례: 노사모를 중심으로[1]

2002년 대통령 선거 과정에서 노사모가 주목을 받았던 것은 그것이 인터넷을 통한 정치적 모임이라는 점도 있었지만 또 한편으로는 정치참여에 매우 소극적이고 정치적 불신이 높은 우리나라의 정치문화를 고려할 때 매우 드문 사례였기 때문이다. 그런데 노사모는 과거에 존재했던 정치집단과 비교해서 볼 때 두 가지 점에서 큰 차이가 존재한다. 첫째는, 인터넷에 기반을 둔 정치집단이라는 점이고, 또 다른 하나는 정치인 팬클럽이라는 특성이다. 그동안 한국 정당정치와 관련하여 결성되었던 집단들은 모두 오프라인상에서 기획되고 결성된 것이지만, 노사모는 처음 모임의 결성부터 온라인을 통해 시작되었다.

2000년 16대 총선에서 민주당 공천으로 부산에 출마한 노무현이 낙선하고 난 이후 그의 홈페이지에는 많은 네티즌들이 방문하여 지역주의에 맞선 그의 용기를 칭찬하고 그의 낙선을 안타까워했다. 이러한 상황에서 2000년 4월 15일 노무현 홈페이지 자유게시판에 '늙은여우'라는 네티즌이 '노무현 팬클럽' 결성을 제안하고 회원 모집을 받기 시작하였던 것이 노사모의 시초이다(노사모, 2002: 11). 정당을 포함한 대부분의 정치단체에서는 오프라인상에서의 조직을 토대로 이를 보조하는 차원에서 인터넷을 활용하려 한다면 노사모는 처음부터 온라인상에서의 조직과 활동을 기본으로 삼았다.

두 번째 특성은 노사모는 정당이 아니라 인기 있는 정치인 한 사람을 중심으로 자발적으로 결성된 '스타의 팬클럽'이라는 점이다. 김용호(2004: 14)는 노사모의 존재가 과거에 볼 수 없었던 정

---

1) 이 절에서의 논의는 강원택(2004)에 의존한 것임.

치인과 시민사회 간의 연줄맺기(networking)가 가능하다는 것을 보여 주었다고 평가하고 있다. 즉 노사모는 오랫동안 우리나라 정치를 주도해 온 지연, 혈연, 학연에 기초한 연고주의 집단 대신 자발적인 결사체 모임이 가능하다는 것을 보여 주고 있다는 것이다. 그러나 노사모가 팬클럽이라는 사실은 노사모의 결성이 이념이나 교의와 같은 객관적인 가치나 공통의 이해관계를 기반으로 한 것이기보다는, 특정인에 대한 호감·애정과 같은 감성적이고 정서적인 요인에 기초해 있음을 말해 준다.

노사모는 2000년 4월 7명의 발기인으로 시작했지만, 대선 선거운동이 한창이던 2002년 5월 20일 기준으로 회원 수가 45,486명으로 늘었고, 대선 직후인 2003년 1월 16일 73,446명으로 늘어났으며, 2004년이 되면 10만 명 이상의 회원을 갖는 거대 집단으로 성장하게 된다. 노사모의 조직은 지역별로 나뉘어 있는데 인터넷을 통해 가입을 신청하면 자동적으로 그 해당 지역에 가입하도록 했다. 노사모에서 흥미로운 점은 동호회 활동의 활성화이다. 노사모는 노무현 지지자들의 정치적 모임으로만 생각하기 쉽지만 마치 일반 인터넷 포털사이트에서 마련한 동호회와 마찬가지의 다양한 동호회 활동이 존재했다. 처음에는 하나의 게시판으로 출발하였지만 회원 수가 늘어나면서 동호회로 분리되었는데 축구, 등산, 인라인스케이트, 마라톤뿐만 아니라 종교별, 취미별 모임이 다양하게 마련되어 있었다. 그리고 각 항목별로 또 다시 수많은 개별적인 동호회 활동이 이뤄졌다. 따라서 노사모 회원들은 마치 일반 포털사이트의 동아리에 들어가는 것처럼 수시로 노사모 홈페이지에 접속하고 다른 회원들과 정치적 토론뿐만 아니라 취미나 여가시간을 함께 나눌 수 있었다. 실제로 게시판이나 모임별 페이지에 들어가면 온라인뿐만 아니라 오프라인상에서 이뤄지는 각종 여가활동 모임에 대한 소개가 많이 올려져 있었다.

실제로 노사모는 온라인상의 집단이지만 오프라인에서의 모임도 자주 가졌다. 오프라인상에서 총회, 전진대회라든지 자전거달리기나 등산 등과 같은 모임을 활발하게 열고 있고 참여자의 수도 적지 않았다. 동호회, 지역모임 및 특별행사 등의 오프라인 모임을 통해 회원들의 정체성과 결속력을 강화시킬 수 있을 뿐만 아니라 참여를 통한 놀이와 재미를 함께 누릴 수 있도록 한 것이다. 이 밖에 노사모 홈페이지에는 집단참여와 소통을 위한 다양한 기능도 제공되었다. 새내기방은 신입회원들이 노사모에 대해서 이해할 수 있도록 하기 위한 공간으로 노사모의 연역과 활동 등 노사모의 기본적인 정보를 제공하고 있으며 '노사모 100배 즐기기'를 통해 온라인 및 오프라인 모임과 노사모 웹진을 통한 노사모 활동에 대한 정보를 제공해 주었다. 한편, 노사모 웹진은 사회적, 정치적 이슈에 대한 정보와 해석, 의견 개진 등의 기능을 제공하는 공간으로 노사모의 중요한 커뮤니케이션 및 토론 공간이었다.

그런데 충원, 조직, 교육, 토론, 정책결정, 인선, 커뮤니케이션, 모금 등은 정당을 비롯한 각종 조직체가 구비해야 할 기본적 기능이라고 할 때 노사모는 온라인상에서 사실상 이러한 기능을 모두 지니고 있었던 셈이다. 이런 점에서 본다면 노사모는 온라인을 통한 정치활동이 기존의 정당조직, 특히 지구당 조직을 대체하거나 보완할 수 있는 가능성을 보여 주었다.

그런데 국민의 관심의 대상이 되는 정치인들이 적지 않은데 유독 노무현이라는 정치인의 팬클럽만이, 강한 결집력과 탄탄한 조직망을 갖고 성공적으로 조직되었다는 점은 흥미롭다. 이는 노사모만이 갖는 어떤 독특한 특성이 존재함을 시사하는 것이다. 노사모의 결성이 지역주의에 도전했고 정치개혁을 주창했던 노무현의 정치적 입장에 대한 공감으로부터 출발하였고 대통령이 된 이후에도 노무현의 정치이념에 대한 지지를 표방해 왔다는 점을 고려한다면 노사모 결집의 주된 요인은 정치적으로 공유하는 가치에 의한 참여라고 볼 수 있다. 예컨대, 다음의 글은 노사모 회원들이 공유하고 있는 정치적 가치가 있음을 시사해 준다.

> 장나라 팬클럽에서 장나라의 존재는 매개일 뿐만 아니라 전제이며 동시에 목적인 반면, 노사모에서 노무현이란 존재는 전제이긴 했지만 목적 그 자체는 아니다. 이 조직에서 노무현이란 인물은—붉은 악마의 경우와 마찬가지로—강한 '상징적' 의미를 지닌다. 노사모가 노무현이라는 구체적 개인을 매개로 모였고 힘을 얻게 된 것은 분명한 일이지만, 그 원동력은 그 개인 자체에만 내재해 있다기보다는, 그들이 바라는 바람직한 정치의 '표상'으로서의 노무현에 있는 것이다. 그들에게 있어서 노무현이란 존재는 사랑의 대상이기는 하되, 그를 사랑하는 것이 조직의 최종목표일 수는 없는 것이다(천선영, 2002: 261. 강조는 원문의 것임).

즉 노무현이라는 존재가 결집과 참여를 촉발시킨 주요한 원인이기는 하지만 참여는 그것을 넘어서는 어떤 가치나 정치적 목표를 공유하고 있기 때문에 가능하다는 것으로 해석할 수 있다. 그러나 여기서는 구체적으로 그러한 가치나 정치적 목표가 무엇인지 제시되지 않고 있다. 과거 서구의 사회주의 정당이나 기독교 정당들에서 보듯이 참여자들이 공유하는 구체적인 강령이나 객관적인 가치를 정의하기는 어렵다.

그런데 노무현의 지지자들 가운데는 소위 386세대로 불리는 30－40대층이 다수를 점하고 있다. 한 연구에 의하면, 이들이 노무현을 지지하게 된 것은 권위주의 시대에 만들어진 반공이데올로기에 대한 거부, 저항을 경험하였다는 점에서 집단간 이념적인 유사성이 존재한다는 것이다. 즉 노무현의 지지자들에게 노무현은 단순히 지역주의에 대한 저항의 상징일 뿐만 아니라 우리 사회의 변혁과 정치적 진보라는 점에서 자신들과 '유사한 코드'(강원택, 2003a: 328-331)일 수 있다는 것이다. 이러한 시각에서 본다면 노사모의 결집은 일정한 가치를 공유한다는 사실과 긴밀한 관련이 있다고 볼 수 있다. 또한 노사모 회원의 구성을 보면 노사모를 가수나 배우와 같은 '스타'들의 팬클럽과 유사한 것으로 간주하기 어려운 특성도 발견된다. 우선 노사모 회원의 구성을 보면 20대보다는 30대, 40대, 학력으로는 고학력, 직업별로는 화이트칼라 회원들이 많다(강원택, 2003a: 279-282). 이는 노사모의 구성이 단순한 감정적 호오를 넘어 이념적인 동질성을 갖는 집단임을 시사해 주는 것이다. 노사모는 따라서 단순한 팬클럽이라기보다는 어느 정도의 정치적 일체감을 갖는 사람들의 정치단체로 보는 것이 보다 타당할 것이다.

다만 여기서 제기해 볼 수 있는 문제는 그러한 정치적 가치에 기반한 결집이 정당이라고 하는 제도적 틀이 아니라 노무현이라고 하는 개인을 중심으로 이뤄질 수밖에 없었나 하는 점이다. 이에 대한 답은 대체로 두 가지로 정리해 볼 수 있는데, 첫 번째는 한국 정당정치의 취약성을 반영하는 것으로 이해할 수 있다. 그동안의 우리 정당들은 이념적으로 편향되었고 시민사회 내의 요구를 충분히 수용할 만큼 개방적이지 못했다. 따라서 변혁에 대한 요구는 그동안 정당보다는 시민단체를 통해서 정치적으로 표현되었고 특히 지역주의에 정치적으로 의존해 있던 기존 정당들은 지역주의 타파와 같은 정치적 변혁의 요구를 수용할 수 없었다. 이런 상황에서 무모할 정도로 지역주의에 정면으로 맞선 노무현은 정치적 변혁의 상징적인 인물로 비춰질 수 있었던 것이다. 즉 기존 정당을 통해 표현되거나 성취될 수 없는 정당정치의 한계가 노사모와 같은 정치집단의 결성으로 이어지게 한 것으로, 지역주의에 의존하는 현실 정당정치의 결여된 측면을 노무현이라는 인물을 통해 정치적으로 표출하고자 하는 정치적 욕구의 표현이라고 해석할 수 있다.

또한 한국 정당조직이 외형적으로는 대중조직의 특성을 지니고 있었다고 해도 그동안 동원을 위한 하향식 조직으로 운영되었을 뿐 지지자들의 자발적 참여를 자극할 만한 유인은 크게 부족했던 것이 사실이다. 따라서 정치적 관심을 갖고 있고 또 특정 정당의 입장에 동조하는 이들이라고 해도 직접적으로 정치활동에 참여하기는 어려웠을 것이다. 이런 점에서 기존 정당조직이 아니라 팬클럽의 형태라는 조직적 특성이 정치적 관심이 높은 이들의 참여를 이끄는 데 보다 효과적으로 작용할 수 있었을 것으로 보인다.

두 번째는, 대통령제와 관련하여 그 특성을 살펴볼 수 있다. 대통령제하에서는 누가 대통령이 되느냐에 따라 통치방식이나 정책의 방향이 크게 달라진다. 더욱이 우리나라처럼 정당정치가 제도화되어 있지 못하고 유동성이 큰 곳에서는 정당보다 대통령이 정치적 변화를 주도할 수 있다. 다시 말해 자신들이 추구하는 정치적 가치를 달성하기 위한 수단이 우리나라에서는 정당보다는 대통령 후보라고 하는 인물이 보다 효과적일 것으로 생각할 수 있다.

이런 점에서 본다면 노사모의 조직은 정당이라는 조직보다 후보자 개인을 중심으로 선거운동이 진행되는 미국 정치와 유사한 특성을 반영하고 있다고 볼 수 있다. 미국의 선거는 정당보다는 후보자를 중심으로 선거가 행해지며 정치인들 역시 정당에 대한 충성심보다 지역구의 이해관계나 투표자, 지지자들의 이해관계를 반영하는 데 더욱 커다란 관심을 기울인다. 대통령 후보 역시 정당 소속이라는 입장보다는 개인적 요인이 중시된다(Katz and Kolodny, 1994: 26-7). 노사모 역시 특정 정치인을 중심으로 한 결집이고 2002년 대통령 선거과정에서 그 활동과 규모가 크게 성장하였다는 점에서 미국 대통령 선거에서의 정치참여 형태와 유사한 점을 찾아볼 수 있다.

결국 정당이 제 역할을 못하는 상황에서 비슷한 정치적 성향을 갖는 이들이 인터넷이라는 시공간상의 제약을 넘어서는 기술적 진보로 인해 서로 소통하게 된 결과 생겨나게 된 대표적 정치적 집단이 노사모라고 할 수 있다. 과거였다면 물리적, 기술적 제약으로 인해 불가능했던 일이지만 인터넷이라는 매체의 등장과 함께 지리적으로 분산되었더라도 생각을 같이 하는 이들이 쉽게 의견을 주고받을 수 있는 환경이 마련되면서 이처럼 '강력한 영향력을 발휘한' 정치인 팬클럽이 생겨날 수 있게 된 것이다.

2. 인터넷을 통한 개인 지지의 결집

노사모와 같이 인터넷이 정치인 지지 규합을 위해 중심적 역할을 수행한 경우는 미국에서도 찾아볼 수 있다. 우선 2003년 미국 대선 민주당 예비선거 과정에서 버몬트 주의 주 지사였던 하워드 딘(Howard Dean)의 사례를 들 수 있다. 딘은 2003년 초까지만 해도 지지자도 별로 없고 선거자금도 제대로 모금되지 않는 상황에 처해 있었다(이하 Chadwick, 2006: 163). 그런데 딘의 선거캠프에서 당시까지 일반적으로 주목받지 않았던 미트업(www.meetup.com)이라는 웹사이트를 선거운동에 활용하자는 아이디어가 나왔다. 이 사이트는 취미나 관심이 비슷한 사람들끼리 거주지역에 따라 소규모 오프라인 모임을 갖도록 도와주는 기능을 하는 사이트인데, 이 사이트를 통해 딘의 지지자들을 규합하기로 한 것이다. 이러한 전략은 큰 성공을 거둬서 2003년 2월에 단지 5개의 사이트 내 모임에 수백 명 정도만이 오프라인상의 모임을 가졌지만, 3월이 되면 14개 도시에 79개의 미트업 모임이 생겨나게 되었고, 2003년 말에는 14만 명이 오프라인의 모임에 참가하는 수준으로까지 발전했다. 이와 함께 하루에 2천 개 정도의 댓글이 딘의 공식 블로그에 올려졌다. 딘은 이처럼 인터넷을 통해 선거자금을 모금하고 전국에 흩어져 있는 지지자를 하나로 묶어 낼 수 있었는데, 딘은 미트업 사이트에 대해서 "미트업은 우리가 조직을 갖기 전에 우리를 위해 조직을 건설해 주었다"고 말한 바 있다. 비록 하워드 딘은 민주당의 후보 경선에서 존 케리에게 패배했지만 초기의 어려운 상황을 극복하고 강력한 도전자로 부상할 수 있었던 것은 인터넷을 통해 자신의 지지자들을 효과적으로 결집시킬 수 있었기 때문이었다. 여기서 흥미로운 점은 앞서 살펴본 대로 노사모의 경우처럼 딘의 선거운동 역시 온라인과 오프라인이 효과적으로 결합했다는 사실이다. 그 때문에 노무현과 하워드 딘의 선거운동 방식에 상당한 유사성이 확인(Chadwick, 2006: 163)된다는 지적도 나오고 있다.

또 다른 미국의 사례는 벤추라이다. 전직 프로 레슬링 선수이고 라디오 토크쇼 진행자였던 제시 벤추라(Jesse Ventura)는 1998년 미네소타 주지사 선거 때, 이제는 사라진, 로스 페로의 개혁당(Reform Party) 후보로 출마했다. 공화당이나 민주당처럼 주요 정당 후보가 아니었던 탓에 벤추라는 다른 두 후보에 비해 명성에서나 선거비용 면에서 열세에 놓여 있었다. 그런데 벤추라는 자신의 선거 운동원들 간의 토의를 위한 토론방을 인터넷상에 개설했는데 이 인터넷 토론방이 벤추라를 유권자들에게 알리고 홍보하는 중요한 기능을 하게 되었다. 예컨대, 선거운동 후반부에 벤추라는 미네소타 전지역을 대상으로 72시간 연속 차량 유세에 나섰는데, 벤추라의 인터넷 게시판은 이들의 행선지와 유세장소, 정치적 메시지를 지지자들에게 시시각각 알려 주는 좋은 창구가 되었다. 선거결과 벤추라는 근소한 차이로 당선되었는데, 예전에 선거참여를 꺼리던 젊은 유권자들이 인터넷을 통해 벤추라를 접하고 난 뒤 선거 후반에 유권자 등록을 하면서 벤추라 승리에 결정적인 역할을 하게 되었다. 벤추라는 정당이라는 조직의 체계적인 지원 없이, 1,500만 달러를 쓴 상대방을 65만 달러의 비용으로 물리칠 수 있었다(Chadwick, 2006: 153-154). 이처럼 정당조직 없이 사실상 혈혈단신으로 주지사 선거를 성공적으로 치를 수 있었던 데에는 인터넷이라는 매체가 중요한 역할을 담당했다.

그런데 이처럼 특정 인물을 중심으로 인터넷상에 사람들이 결집하는 현상은 무척 흥미롭다. 인터넷상의 집단형성에 대해서 정연정(2002: 76-78)은 인터넷이 개인 수준에서는 집단참여의 비용을 낮추었고 집단수준에서는 공간적, 시간적, 물리적인 측면에서 조직화의 비용을 낮출 수 있었기 때문에 보다 용이하게 인터넷 공간상의 집단이 형성될 수 있다는 점을 지적했다. 인터넷이라는 매체가 소통의 거래비용(transaction cost)을 크게 낮추고 있으며 그것이 인터넷상의 활발한 집단참여의 중요한 원인이 되고 있다는 점은 분명해 보인다. 이처럼 참여의 비용이 낮다는 것은 집단참여를 위한 긍정적인 조건이 된다. 서구 정당들의 경우에도 유권자들 사이에 만연한 정당혐오증이나 정치무관심에 따른 정당정치의 약화를 만회하고 당내 민주주의와 참여민주주의의 발전을 위한 수단으로 인터넷을 적극적으로 활용하려는 시도가 행해지고 있다(정병기, 2003: 207). 그러나 참여의 비용이 낮다는 특성은 동시에 집단에서 이탈하는 비용 역시 그만큼 낮을 수 있기 때문에 손쉬운 이합집산을 가능케 하는 것이기도 하다. 실제로 인터넷 공간상에서 결성된 집단들 가운데 적지 않은 수가 쉽게 생겨났다가 얼마 지속되지 못하고 금방 사라져 버리는 모습을 보이고 있다. 윤성이(2001)의 지적대로, 인터넷 공간에서는 참여자가 불만이 있는 경우 항의(voice)를 선택하기보다 탈퇴(exit)해 버리는 경향이 강하기 때문이다.

그런 점에서 볼 때 비용의 문제뿐만 아니라 인터넷을 통한 결집의 다른 원인을 생각해 볼 수 있을 것이다. 조성대와 정연정(2006: 57)은 인터넷 커뮤니티 활동이 정치적 성격을 지닐 경우 시민들의 정치적 정보에 대한 접근과 다양한 정치참여 행동을 고무시킨다고 주장한다. 즉 이들은 시민들이 단순히 사이버 공간 내의 무수히 많은 정치적 정보에 노출되었다고 해서 정치적 지식이 향상되고 보다 적극적으로 정치참여를 하게 되는 것은 아니며, 쌍방향 혹은 다방향적인 의사소통과 숙의가 이뤄지는 인터넷 공간상의 커뮤니티 활동의 결과 때문이라고 보았다.

그러나 노사모나 딘의 인터넷 모임 등에서 우리가 주목할 점은 이것이 단순한 온라인 정치 커뮤니티가 아니라 정치인의 팬클럽적인 속성을 갖고 있다는 점이다. 팬클럽의 형성은 여러 가지 측면에서 그 원인이 논의되고 있지만, 사회적, 지리적으로 분산되어 있는 이들이 팬덤(fandom)을 통해 공통의 정체성을 확인하고 생성시켜 나가는 것을 주된 원인으로 보기도 한다.

> 팬은 팬덤의 안과 바깥 사이의 경계를 분명히 하는 것으로부터 정체성 구축의 실천을 시작하는 것으로 알려져 있다. 즉 팬덤은 사회적/대중적 차별, 미학적 차별을 행하는데, 이에 의해 그려지는 팬 공동체와 그 밖의 세상 사이의 경계선으로 팬덤의 정체성을 구축한다는 것이다. …팬덤의 스타일적 실천도 하위 문화론의 주요 관심사였다. 마돈나 팬덤 사례에서 보자면 팬들은 머리모양, 화장술, 옷이나 액세서리 등의 선택 등을 통해 소통을 시도하고 정체성을 구하기도 한다. 그런 점에서 스타일적 실천은 단순한 모방이 아니라 소통을 위한 기호학적 실천인 셈이다. 스타일적 실천을 통해 스스로 권능화되는 자신을 찾을 뿐만 아니라 주위의 팬덤적 동료들과 소통하고 그로 인해 자신을 확인하는 정체성 구축의 과정에 돌입하게 된다. 하위 문화론이 기댄 팬덤연구들은 팬들이 보여 주는 기존 제도

> 혹은 권위에 대한 저항성을 강조하기도 했다. 앞서 예로 들었던 마돈나 팬덤은 자신들의 스타일로 구축한 정체성을 통해 가부장적 성 이데올로기에 맞서는 실천을 보여 준 것으로 연구들은 밝히고 있다. 이와 유사하게 1960년대 미국의 비틀즈(Beatles) 소녀 팬덤에 대한 연구 역시 팬덤의 저항성을 논의하고 있다. '비틀마니아(Beatle-mania)'로 불리워졌던 비틀즈의 소녀 팬 문화를 두고 정절에 대한 규율, 미국 사회 청소년기 소녀들에게 강요되었던 성적 억압 등이 포함되는 지배적 가부장제 문화에 저항하는 하위문화로 규정하기도 했다(김현정 · 원용진, 2002: 257-258).

즉 팬클럽의 형성은 '저항적 하위문화'를 중심으로 정체성 확인을 위한 '외부적 경계와 내부적 소통'을 추구한다는 것이다. 이러한 저항적 하위문화의 특성은 노사모의 경우에는 비교적 분명하게 확인할 수 있다. 2002년 이전까지 지역주의적 정당정치가 우리 사회의 지배적인 정치문화였다면, 민주당 소속으로 부산에 출마하여 또 다시 낙선한 노무현이 대표하는 것은 이에 저항하는 소수의 반(反)지역주의 하위문화라고 볼 수 있기 때문이다.

노사모의 성공 이후 2004년 대통령 선거를 앞두고는 박사모(박근혜를 사랑하는 사람들의 모임), 명박사랑(이명박 전 시장 팬클럽), 손&미소(손학규 전 지사의 팬클럽 모임) 등 다양한 형태의 정치인 팬클럽이 인터넷 공간상에 생겨났다. 이들 정치인 팬클럽 회원들 역시 '외부적 경계와 내부적 소통'을 추구하지만, 이들에게서 노사모에서 볼 수 있는 것과 같이 여기에 참여하는 이들이 공유하는 '저항적 하위문화'를 쉽게 찾아보기는 어려운 것 같다. 바로 그런 점이 이들 팬클럽이 노사모에 비해 활동의 강도나 열정이라는 측면에서 상대적으로 뒤처지는 이유일 수도 있다. 그러나 정당에 대한 참여가 늘지 않는 상황에서 유력 정치인 개인의 팬클럽이 생겨나고 있는 것은 인터넷을 통한 개인적 지지의 결집이라는 현상이 일회성으로 그치는 것이 아니라 앞으로도 계속해서 생겨나게 될 것이라는 사실을 확인해 준다. 그런 만큼 정치인 팬클럽의 생성 역시 '저항적 하위문화'만으로 설명하기 어려운 측면이 존재한다. 즉 팬클럽의 속성상 규범적이거나 논리적인 측면, 혹은 저항성만을 강조하는 것은 충분치 않은 듯이 보인다.

팬클럽이라는 것은 특정 인물에 대한 호감이라는 감성적 요인에 기반하고 있음을 말하는 것이다. 노사모 조직의 동인 역시 기본적으로 감성적 요인에 의존하고 있다. 낙선한 노무현에 대한 동정과 그의 주장에 대한 공감이 노사모 결성의 근본요인이었다. 누구를 좋아하거나 싫어하는 감정이 인터넷상의 수많은 팬클럽과 안티팬클럽의 형성 원인이며, 그러한 감정을 공유하는 이들이 여기에 참여하게 된다. 그런 점에서 정치인 팬클럽에 참여하는 것은 정당에 참여하는 것에 비해 감성적인 호감과 심리적인 편안함을 느낄 수 있다. 온라인 공간상에 정치인 팬클럽이 생겨나는 이유는 무엇보다 인터넷이라는 매체의 특성상 매우 '손쉽고 효율적으로' 참여하고 정서를 공유할 수 있게 되었기 때문이지만, 이외에도 심리적인 측면에서 팬클럽이라는 형식이 제공해 주는 상대적 편안함이 존재하기 때문이다. 공식적인 정당조직과 비교할 때 팬클럽은 그 특성상 보다 유연할 뿐만 아니라 개인적이고, 비공식적 속성이 강하기 때문에 정치참여에 대한 심리적 부담이나 거부감도 상대적으로 적다고 할 수 있다. 즉 정치참여를 위한 심리적 진입장벽이 매우 낮아지게 되는 것이다. 정당조직과 같은 공식적, 위계적 속성에서 벗어나서 유연하고 자유롭고 수평적인 교류가 가능하다는 점도 정치인 팬클럽이 정당보다 선호되는 이유일 것이다. 정당을 통한 활동이 엄숙하고 심각하고 위계적이라는 느낌을 줄 수 있다면 팬클럽은 이보다 '가벼운 기분으로' 참여하고 활동할 수 있다는 점에서 그만큼 참여의 부담은 적다.

또한 사실상 정치참여지만 정치인 팬클럽은 직접적인 정치참여라기보다는 '스타 정치인'을 매개로 한 간접적인 정치참여의 특성을 갖는 점도 팬클럽이 보다 선호되는 요인일 것이다. 정치권에 대한 불신이 높은 상황에서 주변 사람에게 '손가락질 받을 수 있는' 제도권 정치에 간여하겠다는 것이 아니라 그저 내가 좋아하는 '스타 정치인 개인'과의 관계를 설정하겠다는 것이기 때문이다. 이와 함께 정치인 팬클럽은 동시에 '즐긴다'고 하는 문화적인 요인도 포함되어 있다. 그런 점에서 정치인 팬클럽은 정치와 문화의 결합으로 볼 수 있다. 제6장에서 보다 상세하게 논의되겠지만 '재미와 놀이'를 추구하는 속성도 정당보다 정치인 팬클럽을 선호하는 요인이 될 수 있다.

그런데 가수나 배우, 운동선수에 매료되고 일체감을 느끼는 것은 그들의 외모나 음악, 혹은 발군의 경기실력 등 스타의 남다른 어떤 자질과 관련이 있을 것이다. 그렇다면 정치인 팬클럽은 정치인의 어떤 자질에 매료되고 일체감을 가지려고 할까? 이는 아마도 팬덤의 대상이 되는 인물이 제공해 주는 어떤 정치적 메시지가 팬클럽의 생성에 필요한 것을 말해 준다. 노사모의 경우라면 노무현이라는 인물이 상징해 주는 지역주의 타파나 정치개혁과 같은 메시지일 것이다.

그러나 주목할 점은 이러한 자질이 반드시 논리적이거나 이성적일 필요는 없다는 점이다. 2002년 대통령 선거 때 보았듯이 '노무현의 눈물'과 같이 오히려 감성적인 이미지나 정서적 측면에 대한 호소가 더 큰 효과를 발휘할 수 있기 때문이다. 앞서 지적한 대로, 팬클럽의 기본적인 지지 결집의 동인은 그 인물에 대한 호감이라는 감성적인 요인에 기초해 있다. 그런데 특정 정치인을 좋아하고 그 인물에 대한 일체감을 갖게 되는 것은 대체로 직접적인 접촉보다 투사된 이미지에 의해 이뤄진다. 마치 영화나 쇼 무대 위에서 보여 준 배우나 가수의 모습에 매료되어 팬이 되는 것처럼, 정치인 역시 언론매체를 통해 투사된 이미지에 의해 일체감을 갖게 되는 경우가 대부분이다. 그런 만큼 정치인의 팬클럽 참여는 감성을 자극하는 기획된 이미지, 만들어진 이미지에 의해 영향을 받게 되는 경우도 많을 것이다. 정치적 균열을 대표하거나 이념이나 정책 성향에 따라 지지가 결정되는 정당과는 명백히 다른 경우이다. 이런 점에서 볼 때, 단순히 이미지의 기획을 넘어서 다수 대중의 감성을 자극함으로써 정치인 개인에 대한 지지를 극대화하려는 포퓰리즘에 의존하려는 가능성도 전적으로 배제할 수 없게 된 것이다.

또 한편으로는 이러한 정치인 팬클럽은 기존 정당정치에 대한 불신의 결과일 수 있지만 그렇다고 해서 그러한 불신을 해소하는 해결책이기보다 이를 더욱 악화시키는 결과를 낳을 수도 있다. 즉 정치인 팬클럽에 가담하는 이들이 정치권 전반에 대해서는 커다란 불만을 갖고 비판하지만, 자신들이 좋아하는 특정 정치인에 대해서는 기존 정치권과 구분된 별개의 존재로 간주하면서 불만스러운 현실 정치를 개혁할 '구세주나 영웅'처럼 생각하는 경향이 생겨날 수 있기 때문이다. 그러나 이는 기존 정치질서를 타파의 대상으로 삼으려고 한다는 점에서 정치체계의 불안정성을 높일 수 있다. 특히 선악의 대결 형태로 정치를 바라보면서 정치인 개인에 대한 맹목적인 지지로 이어지게 된다면 정치를 분극화(polarize)시킬 수 있는 위험성도 낳을 수 있다.

그리고 무엇보다 이런 경향의 강화가 우려되는 것은 이것이 정당정치를 심각하게 약화시키는 결과를 초래할 수 있기 때문이다. 인터넷을 통한 정치인 팬클럽의 결성은 기본적으로 개별 정치인을 중심으로 한 정치참여, 집단형성을 의미하는 것이다. 이처럼 원칙이나 이념을 토대로 하고 제도적으로 정치적 책임성을 강요할 수 있는 정당이 아니라, 정치인 개인을 중심으로 한 '비제도적인' 팬클럽을 통한 정치참여의 확대는 우려할 만한 결과를 낳을 수 있다. 정치적 책임성을 강요할 수 없다는 것은 자의적이고 일시적인 특성을 지닐 수밖에 없기 때문이다. 그런 만큼 정치체계 전반의 유동성과 불확실성은 커질 수밖에 없다. 노사모에 대한 다음의 글은 이러한 문제점을 잘 지적해 주고 있다.

> 386세대의 개혁적 욕구와 정향이 제도화된 형태인 정당이 아니라 개별 정치인을 매개로 나타날 수밖에 없는 한국 정치의 현실 역시 불안정성의 근원이다. 토니 블레어의 열광적 옹호자들은 대개는 노동당의 전통적 지지자들이었으며 슈뢰더나 피셔의 지지자들 역시 독일의 사민당과 녹색당의 적극적 지지기반이었다. 그렇지만 노사모 회원이나 노무현 지지자들의 중심이 민주당에 애정을 갖는 전통적 지지자들은 아니다. 그리고 이러한 낮은 결합도는 화해하기 어려운 내부 분열과 긴장이 발생한다면 심각한 원심력으로 작동해 쉽게 분리될 수 있음을 시사한다(정상호, 2002: 110).

이처럼 인터넷을 통한 정치인 팬클럽의 정치적 효과는 양면적이다. 한편으로는 자발적인 정치참여의 증대와 정치의 심각성, 형식성을 극복하는 좋은 해결책이 되고 있지만 또 다른 측면에서는 정당정치의 약화와 정치적 책임성 확보의 어려움, 감성정치라는 심각한 문제점도 낳고 있다. 그러나 인터넷이 정치적 의사소통과 집단 형성에 효율적인 수단일 뿐만 아니라 동시에 매우 감성적인 매체라는 점을 고려할 때, 정치인 팬클럽처럼 인터넷상에서 특정 인물을 중심으로 결집되는 현상은 앞으로도 계속될 수밖에 없을 것으로 보인다.

제 5 장

롱테일의 정치

1. 롱테일 정치
2. 억압되었거나 대표되기 어려웠던 정치적 의제의 표출
3. 개별화된 불만의 결집
4. 하위영역으로 이해관계의 세분화
5. 배타적이고 고립된 정체성의 강화
6. 소　결

제 5 장 룽테일의 정치: 이슈의 파편화와 개인주의

민주주의의 원리는 다수의 지배(majority rule)이다. 소수의 권리 역시 보호되어야 한다는 규범적 언사가 대체로 수반되기 마련이지만, 민주주의의 가장 기본적인 운영의 원리는 통치를 위해서는 다수의 동의와 지지를 확보해야 한다는 것이다. 민주주의를 뜻하는 영어 단어 democracy가 인민, 다수라는 의미의 demos와 힘, 권력을 뜻하는 kratos의 결합이라는 사실은 잘 알려져 있다. 따라서 민주주의 체제 내에서 권력을 잡기 위해서는 다수의 지지를 이끌어 내는 일이 무엇보다 중요하다. 이처럼 민주주의 체제하에서 다수의 지지를 조직해 냄으로써 권력을 잡고자 하는 정치집단이 바로 정당이다. 대의민주주의라면 다수의 정치적 의사를 선거에서 적절히 대표해 내는 일이 선거 결과에 결정적인 요인이 될 것이다.

대중정당(mass party)은 그 이름에서 알 수 있듯이 20세기 초 이후 대중적 이해관계를 정치적으로 대표함으로써 권력을 추구하는 가장 성공적인 조직 형태로 자리 잡았다. 대중정당은 노동자들과 같이 수적으로 다수를 점하면서 동시에 유사한 이해관계와 이념적 성향을 갖는 이들을 정치적으로 교화시키고 지구당과 같은 하부조직을 통해 정치적으로 동원함으로써 권력을 장악하고자 했다. 따라서 대중정당은 기본적으로 지지층의 집단성, 정치적 성향의 유사성, 정당에 대한 정치적 일체감 등에 기초해 있다고 할 수 있다. 계급이 아니더라도 지역이나 종교, 인종 등 '집단적으로 존재하는'

공동의 이해관계를 묶어 내고 정치적으로 대표하는 것이 정당의 정치적 운명에 영향을 미치는 중요한 사안이었다.

그 이후 산업구조가 변화되고 그에 따라 이전과 달리 계급의식 등 정치적 정체감이 약화되는 경향이 나타나면서, 노동자나 중산층 어느 한 계급에 전적으로 의존하기보다 정당의 배타적인 정치적 대표성을 약화시켜 득표 역량을 높이려고 한 포괄정당(catch-all party)이 등장했다(Kirchheimer, 1966). 포괄정당은 기본적으로 좌 성향과 우 성향, 혹은 노동계급과 중산계급이라는 두 개의 상이한 성향의 유권자 '집단'을 전제로 하고 어느 한 쪽의 이해관계를 지나치게 강조하지 않음으로써 지지의 기반을 최대한 확대하려는 전략의 변화를 반영하는 것이라고 할 수 있다. 이후 카르텔 정당으로의 변화에 대한 지적까지 나오고 있지만(Katz and Mair, 1995), 대의민주주의하에서 정당이 '다수의 집단화된' 이해관계를 대표하고 있다는 특성에는 변화가 없다. 설사 내부적으로 매우 다양한 관심사나 상이한 이해관계가 존재하고 있다고 해도, 정당으로서는 자기들이 대표할 수 있는 '최대공약수' 이외에 하위집단의 세세한 요구까지 모두 받아들이기는 현실적으로 어려움이 있다. 이로 인해 선거 승리에 별로 큰 도움이 되지 않은 소수 집단의 목소리나 하위단위의 다양성은 정치적으로 제대로 표출되기 어려웠다.

그러나 인터넷의 등장과 함께 이처럼 '다수' 중심의 정치적 의사표출의 특성은 변화하게 되었다. TV와 같은 매체가 불특정 다수를 대상으로 일방향적으로 정보를 제공하는 형태였다면 인터넷은 소수의 동질적이고 특성화된 계층을 중심으로 정보 수요자의 욕구에 부합하는 다양한 형태의 맞춤형 정보를 제공할 수 있게 되었기 때문이다. 즉 앞 장에서 언급한 대로 TV가 다중전달(broadcasting)의 매체라고 한다면 인터넷은 협송전달(narrow-casting)의 매체라고 할 수 있다. 토플러는 정보사회는 정치, 경제, 사회, 문화 전반에 걸쳐 다양성이 형성되고 종래의 획일적 정보 수요 및 유통이 개별적, 선택적으로 형성, 유통되는 경향을 가진 사회가 될 것으로 보았다. 정치 세계에서도 다수결에 기반을 둔 대중민주주의가 아니라 소수 세력(minority power)의 다양성이 존중되는 '모자이크 민주주의(mosaic democracy)'가 등장할 것으로 보았다.

> 현재의 사고방식에서 보면 이단적이라고 말할 수 있는데, 제3의 물결이 정치체계를 지탱하는 제1의 원리는 소수 세력을 중시하는 점이다. 다수결이라고 하는 제2시대의 물결 시대의 정통적인 원리는 나날이 시대에 뒤진 것이 되고 있다. 고려해야만 되는 것은 다수가 아니라 소수의 의견인 것이다(Toffler, 2006: 587-588).

따라서 인터넷의 등장은 과거 '다수 대중의 집단적으로 공유된 이해관계'를 대표해 온 정당에게 낯선 새로운 환경을 만들어 준 것이다. 과거에는 정치적으로 조직화되거나 표출되기 어려운 소수 집단이나 일부의 특수하고 분화된 관심사가 이제는 사회적으로 주목받는 어젠다로 등장할 수 있게 되었고, 그만큼 사회적인 '소수자, 소수세력(minority)'의 정치적 영향력도 증대할 수 있게 되었다. 이처럼 다양하게 분화된 정치적 요구를 어떻게 정당이라는 하나의 그릇에 담아낼 수 있을까 하는 점이 인터넷 시대에 정당이 당면하게 된 새로운 도전이라고 할 수 있다. 인터넷이 가져온 이러한 변화의 특성에 대해서 살펴보도록 한다.

1. 롱테일 정치

경제영역에서 인터넷의 효과와 관련하여 최근 들어 주목을 끌고 있는 것이 롱테일 현상(the long-tail effect)이다(Anderson, 2006). 롱테일 현상은 과거에는 전체 상품 가운데 가장 인기 있는 20%의 상품이 전체 매출 가운데 80%를 차지하게 된다는 80/20의 파레토 법칙이 인터넷 등장 이후 변화하게 되었다는 것이다. 즉 과거에는 몇 종류의 인기제품이 대량 판매됨으로써 전체 매출의 대부분을 차지하였다면, 최근에는 별로 찾는 손님이 없어서 인기 없는 것으로 간주되던 나머지 80%를 차지하는 각종 비인기상품이 전체 매출 가운데 차지하는 비율이 증가되었다는 것이다. 이 용어를 고안한 저자 앤더슨이 책의 부제에서 말하는 것처럼, "소량이지만 보다 많은 이들이 찾게 됨으로써(selling less of more)" 80%의 소량 판매 상품이 전체적인 매출에서 차지하는 비중은 더욱 높아지게 된다는 것이다.

〈그림 5-1〉에서 보듯이 상품 매출 그래프를 그릴 때, y축을 상품의 판매량을 나타내는 것이고 x축을 상품의 종류라고 한다면, A 영역은 판매량이 많은 인기상품을 가리키는 것이고 B영역은 판매량이 적은 인기 없는 상품을 가리키는 것이 될 것이다. 과거에는 A 영역처럼 잘 팔리는 소수의 인기제품에 주목했다면, 이제는 B영역처럼 팔리는 양은 소수지만 다수의 품종의 판매에 주목하게 되었다는 것이다. 판매량이 많지 않지만 그 종류가 무수히 많기 때문에 〈그림 5-1〉에서 보듯이 소수 판매 상품은 그래프상에서 낮고 길게 늘어져 있는 모습을 보인다. '긴 꼬리(long tail)'라는 이름이 붙게 된 것은 바로 이 때문이다. 롱테일 현상에 주목하게 된 것은 미국 온라인 책방인 아마존(www.amazon.com)처럼 상품을 직접 보유하

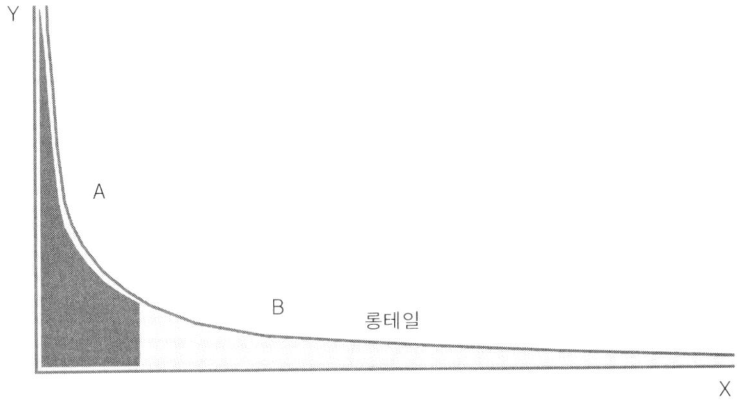

<그림 5-1> 롱테일(long-tail)

고 있지 않으면서도 출판사 등과의 연계를 통해 상품을 판매할 수 있는 인터넷 쇼핑몰의 영업 방식과 관련이 있다. 다음의 인용문은 롱테일의 효과를 잘 보여 주고 있다.

> 미국의 서점 체인인 '반즈 앤드 노블스'가 보유하고 있는 도서의 종수는 13만 타이틀(판매 랭킹 13만 등[等]까지)인데, [인터넷 서점인] 아마존닷컴은 전체 매출의 절반 이상을 [판매 순위] 13만 등[等] 이하의 책에서 올리고 있다고 발표한 것이다. …일반 서점들은 '팔지 않는 책'을 재고 비용 때문에 서가에 비치하지 않지만 아마존은 도서 목록에 올릴 수 있다. 그 이유는 책 목록을 추가하는 데 드는 비용이 거의 '제로'이기 때문이다. 이것이 바로 아마존이 230만 종이 넘는 서적을 다룰 수 있는 비결이다(우메다, 2006: 105. [ ] 안의 내용은 추가한 것).

이러한 롱테일 현상은 거대 소비자를 대상으로 하던 시장에서, 인터넷의 등장과 함께 다양하게 분화된 관심을 갖는 소수의 소비

자를 대상으로 하는 틈새시장의 중요성이 부각되고 있는 것으로 볼 수 있다. 앤더슨의 표현을 빌리면,

> 중요하게 여겨지던 소수의 히트상품과 그렇지 않은 나머지 대다수로 구성되던 단순한 그림은, 이제 수많은 소수시장과 그 소수시장 내의 작은 스타들로 구성된 복잡한 구성의 모자이크가 되어 가고 있다. 매스마켓(mass market)이 점점 다양한 틈새시장의 집합으로 변해 가고 있는 것이다. 수많은 틈새상품들은 항상 존재해 왔지만 그것을 구매하기까지 소요되는 비용(소비자가 틈새시장을 찾는 데 드는 비용과 틈새상품이 소비자에게 도달하는 데 드는 비용)은 점점 줄어들고 있다. 틈새상품들은 어느 순간 갑자기 주목해야 할 문화적, 경제적 힘이 되어 버렸다. 틈새시장은 히트상품이 주도하던 전통적인 시장을 대체하는 게 아니라 처음으로 그 무대를 공유하게 된 것이다 (Anderson, 2006: 38).

롱테일 경제는 과거에는 경제적인 유통과 소비에서 다수의 주도가 그 특성이었다면, 인터넷 공간에서는 다양한 소수의 관심이 차지하는 비중이 점차 커지고 있음을 보여 주는 것이라고 할 수 있다. 그런데 이런 롱테일 현상은 경제뿐만 아니라 인터넷의 정치적 활용과 관련하여서도 적용이 가능할 것이다. 〈그림 5-1〉을 정치적으로 해석한다면, x축을 각기 상이한 정치적 이해관계(집단), 균열로 보고, y축을 정치적 의사표출의 정도 혹은 정치적으로 대표되는 정도로 해석해 볼 수 있을 것이다. y축은 보다 구체적으로는 선거에서의 득표로 생각해 볼 수도 있고 혹은 의회에서의 의석 수로 이해할 수도 있다. 이런 경우 A영역은 정치체계 내에서 지배적으로 대표되는 정치적 이해관계나 균열을 나타내는 것으로 볼 수 있다. 예컨대 민주화 이후 우리나라 정치라면 지역주의적 이해관계가 A영역을 차지하고 있고, 녹색정치 등 그 이외의 것들이 B영역에 놓인다고 할 수 있을 것이다.

물론 정치적 대표성의 정도는 단순히 '제품'의 경쟁력뿐만 아니라 제도적인 요인도 매우 중요한 영향을 미친다. 특히 선거제도의 비례성이 낮다면 더욱더 정치적으로 대표될 수 있는 이해관계(집단)는 그만큼 더 줄어들 수밖에 없을 것이다. 즉 다수제 선거제도에서 롱테일 영역은 더욱 클 것이고 비례대표제 선거제도라면 상대적으로 그 영역의 크기는 줄어들 것이다. 이외에도 y축이 나타내는 정치적 의사표출의 정도는 정치 엘리트의 참여 정도, 사회적 문화적 통념과의 관련성, 조직화의 정도 등 여러 가지 요인들에 의해 영향을 받을 것이다.

그런데 여기서 주목해야 할 점은 인터넷 등장 이전에는 롱테일 영역, 즉 B영역의 목소리는 제도권 정치에 제대로 전달될 수 없었다. 선거에서 큰 지지를 얻지 못한 탓에 의회정치를 통해 그들의 이익이 대표되지 못했고 기존 언론매체에서도 크게 관심을 기울이지 않았다. 과거에 경제시장에서 롱테일 영역의 상품이 인기가 낮다는 이유로 생산과 유통에 어려움이 존재했다면, 정치세계에서는 그 영역의 목소리가 제도적으로 아예 대표되지 못한 채 정치적으로 소외되거나 억압되어 있었다고 할 수 있다. 이런 문제점은 어떤 정치제도가 도입되더라도 '다수 지배의 원칙'이 관철될 수밖에 없는 대의민주주의 체제하에서 근본적으로 해결되기는 어려운 것이었다.

그러나 인터넷의 등장으로 이러한 소수의 목소리가 이제는 효과적으로 결집되고 전달될 수 있는 환경이 마련된 것이다. 즉 기존의 대의민주주의 체제하에서 제도적인 효과에 의해 제대로 대표될 수 없거나 사회적 관습이나 통념에 의해 의사표출이 억눌려져 온 소수집단의 목소리가 인터넷의 출현과 함께 정치적으로 대표될 수 있게 된 것이다. 이런 점에서 굳이 다수의 지지나 참여가 아니더라도 유사한 정체성을 갖는 소수집단들의 활동은 이전에 비해 보다 활발해질 것이며 그런 만큼 이들이 행사할 수 있는 정치적 영향력도 증대될 것으로 예상된다. 이전에 정치적으로 대표되지 않았거나 무시되었던 소수의 정치적 요구가 인터넷의 정치적 활용과 함께 증대되는 현상을 롱테일 정치(long-tail politics)라고 부를 수 있을 것이다. 롱테일 정치는 대중 중심의 거대 담론으로부터 소수만이 주목하는 파편화된 이슈로 정치적 관심이 변화하고 있는 인터넷 시대의 정치적 특성을 잘 보여 주고 있다. 거대 규모의 정규군에 맞서는 게릴라와 같이 직접 전면전으로 맞붙을 수는 없더라도 전략적인 목표 달성을 위한 효과적인 활동이 가능하게 된 것이다. 구체적인 현실 속에서 이처럼 변화하는 정치의 특성을 세 가지로 나눠 살펴보기로 한다.

2. 억압되었거나 대표되기 어려웠던 정치적 의제의 표출

대의민주주의하에서 정치적 표현의 자유와 참여가 보장되어 있지만 현실적으로는 모든 정치적 주장이나 관심사가 사회적으로 주목을 받는 이슈가 될 수 있는 것은 아니다. 우선 선거 과정을 통해 일정한 수의 사회적 지지를 얻지 못한 이슈나 이해관계는 의회에서 정치적인 대표성을 얻지 못한다. 여기에는 물론 어떤 선거제도를 채택하느냐 하는 것이 대표성의 획득 여부에 상당한 차이를 만들어 낼 수 있다. 비례성이 높은 비례대표제 방식이라면 보다 많은 정치집단이 대표성을 얻을 수 있을 것이고 비례성이 낮은 다수제 방식이라면 그 수는 크게 줄어들 것이다. 비례대표제라고 하더라도 독일을 비롯한 많은 국가의 예에서 보듯이 진입장벽(electoral threshold)이 존재하기 때문에 소수세력이 제도적으로 정치적 영향력을 획득하기란 그리 쉬운 일이 아니다. 눈에 보이는 제도뿐만 아니라 눈에 보이지 않는 비제도적 장벽도 존재한다. 전통이나 관습, 규범, 문화 등이 바로 그것이다. 이러한 비제도적 장벽은 언론의 게이트키핑(gate-keeping)의 기능을 통해 사회적 소수파나 관습에 대한 저항 세력의 의제를 '걸러지게' 하고, 문화나 전통 등 기존 질서를 지탱하게 해 준다.

따라서 이처럼 정치적으로나 사회적으로 자신들의 의제나 이해관계를 제대로 표출하지 못한 소수파(minority)들은 스스로의 정체성을 감춘 채 지리적으로 상호 고립된 채 산재된 형태로 존재해 왔다. 동성애자가 대표적인 예 가운데 하나가 될 수 있다. 그러나 인터넷의 등장은 이처럼 정치적으로 대표되지 못했거나 표출이 억압되었던 소수집단들이 집단으로 결집하고 자신들의 관심 이슈를 의제화할 수 있는 상황을 만들어 주었다. 특히 매우 강력한 동질성을 갖는 사회적, 문화적인 소수자들이 과거에는 개별적이고 분산되어 존재했지만 이제는 인터넷을 통해 자신과 동일한 정체성을 느끼거나 유사한 생각을 하고 있는 사람들과 상호 연결할 수 있게 됨으로써 정체성의 네트워크를 형성할 수 있게 되었다. 이러한 네트워크를 통해 서로의 정체성을 확인하고 관심사나 이해관계를 공유하고 더 나아가 이를 정치적으로나 사회적으로 표출하려고 관철하려는 노력까지 할 수 있게 되었다.

가장 대표적인 사례가 동성애자들이라고 할 수 있다. 더 말할 나위 없이 우리나라에서 동성애자들은 차별과 멸시를 받아왔고 문화적으로나 정치적으로 이들의 의사표현은 억압되어 왔다. 따라서 이들이 자신의 성적 정체성을 공개적으로 드러내고 자신들의 이해관계를 정책적으로 관철하는 일은 사실상 불가능했다. 다음의 글은 이러한 상황을 잘 보여 주고 있다.

> 참고인 자격으로 국회 감사장에 출석하려던 한 연예인은 일부 국회의원들이 국회의 품위를 해친다는 이유로 출석이 거부되었고, 이화여대가 학교 내 동성애 모임의 집회 장소를 제공하지 않았다거나, 여성 동성애자 단체를 부산 지역 여성단체가 회원 단체로 인정하려 하지 않았다는 등 그들의 기본적인 권리조차 사회적으로 인정받지 못한 경우가 많았다. 그 때문에 오프라인상에 단체를 조직하고 자신의 이익이나 권리를 대외적으로 표출하고 관철하는 일은 대단히 어려울 수밖에 없었다(조화순, 2005: 128-129).

이처럼 사회적인 차별로 인해 공개적으로 자신들의 정체성 밝히기 꺼리는 동성애자들도 인터넷 공간상에서는 오프라인과는 달리 적극적이고 활발하게 교류하고 조직화하고 공동의 이익 관철을 위한 적극적인 행동까지 보이고 있다. 이와 같은 소수자들의 적극적인 활동이 가능한 것은 지역적으로 산재해 있고 사회적으로 고립되어 있는 이들을 효율적으로 연계시켜 줄 수 있는 매개체로서 인터넷의 영향 때문이지만 동시에 인터넷의 익명성도 여기에 긍정적인 영향을 미쳤다. 즉 동성애자들처럼 개인의 신분 노출을 꺼리는 이들이 익명성을 기반으로 '은밀하게' 결집하고 오프라인에 비해 '편안하게' 자신들의 정체성을 확인하고 상호 소통할 수 있는 공간을 인터넷이 제공해 주고 있는 것이다.

동성애자의 인터넷 사이트는 카페나 동호회 등의 커뮤니티 모임 형태로 많이 개설되어 있으며 지역별, 대학별, 연령대별 모임도 활발한 편이다. 그러나 인터넷 공간상에서도 적지 않은 수가 자신의 신분 밝히기를 꺼리므로 이메일, 게시판 등을 통해 상호교류하거나 실질적인 도움이 되는 정보를 공유하거나 상호간의 정체성을 확인하는 특성도 동시에 나타난다. 그러나 인터넷 공간상에서 동성애자의 결집은 단지 정체성 확인이나 정보공유의 수준에 머물지 않으며, 자신들의 권익을 증대시키기 위한 구체적인 정치적인 행동에도 나섰다.[1] 2002년 청소년보호법 중 동성애 조항의 삭제, 동성애 모임 사이트인 엑스존의 불법 규정 등의 사건을 겪으면서 개별적으로 존재하던 동성애자 집단이 한국동성애자연합으로 결집하면서 연대활동을 개시했다. 이 사건은 국가인권위원회의 청소년보호법시행령에 '동성애'를 청소년 유해 매체물 심의조항에서 포함된 것을 두고 이 조항 가운데 동성애 문구를 삭제하는 운동을 전개하였다(네트워커, 2004. 3: 46). 이후에도 이들은 동성애자 집단의 권리와 이익을 적극적으로 표출하는 활동을 전개했는데, 대표적인 사례가 17대 총선 당시 각 정당과 후보자들에게 동성애에 대한 정책적 입장을 묻고 자신들의 요구를 정책화하기 위한 운동을 전개한 것을 들 수 있다.

> 동성애 집단은 인터넷을 이용해 정당으로 하여금 성적 소수자에 대한 문제들을 전달하고 정책적 대안을 요구하는 전략을 전개하였다. 동성애자인권연합(동인연)은 2004년 4월 2일에서 11일에 걸쳐 각 정당에 이메일과 팩스를 보내… '성적 소수자 정책'에 대한 질의서를 보내고 답변을 요구한다. 이 질의서는 각 정당이 성적 소수자에 대한 구체적인 정책이 있는지 그리고 있다면 어떤 정책인지, 그리고 성적 소수자를 이해하기 위해 당원을 교육시킬 의향이 있는지 질의하였다(조화순, 2005: 133).

이에 대해서 민주노동당으로부터만 긍정적인 응답을 받았고 이 때문에 동인연은 민노당에 공식적인 지지를 선언했고 이들을 지원하기 위한 활발한 인터넷 선거운동을 벌였다. 그런데 보수적인 한나라당에서도 이들의 질의에 대한 답변을 제출했고 추후에 이 문

---

1) 이하 논의는 조화순(2005: 128-141) 참조. 이 논문은 우리나라의 소수집단의 사이버 액티비즘에 대한 드문 연구 성과이다. 외국 사례에 대해서는 McCaughey and Ayers(2003)를 참조할 것.

제를 고려해 볼 수 있다는 응답을 얻어낸 것은 인터넷을 통한 이들의 결집이 일방적으로 '무시될 수만은 없는' 존재가 되었음을 보여 주는 것이라고 할 수 있다. 이처럼 이들의 활동은 단기적으로 구체적인 성과를 거둔 것은 아니지만 적어도 이 이슈에 대한 활발한 논쟁을 불러왔고 이를 통해 자신들에 대한 사회적 관심을 높이는 계기를 마련했다. 과거, 사회적으로 의사표출이 억눌려져 왔던 사회적 소수자인 동성애 집단은 '인터넷이라는 수단을 통해서 사이버상에 조직화함으로써 집단적인 이익을 표출할 토대를 마련'했고, 이로 인해 '서로 비슷한 정체성을 가지고 있던 동성애자와 동성애 집단을 연결하여 정보를 교환하고 정치적 이슈에 대한 공동의 담론을 형성'하는 데 일정한 성과를 거둔 것이다(조화순, 2005: 142).

동성애자 이외에도 우리 사회 내 또 다른 소수집단인 외국인 노동자들도 정체성을 강화하고 자신들의 권리를 증진하기 위한 공간으로 인터넷을 활용하고 있다. 외국인 노동자들을 대상으로 하는 온라인 활동은 노동, 인권, 생활, 교육, 의료 등 생활 전반에 대한 정보와 도움을 얻기 위한 것들이 많다. 그런데 여기서 나타나는 한 가지 특징은 외국인 노동자 사이트는 그들이 직접 만들어 운영하기보다는 외국인 노동자 상담소, 외국인 노동자 인권모임, 외국인 노동자 지원센터, 외국인 노동자의 집 등 지원단체가 운영하는 것들이 많다는 점이다. 언어나 기술, 시간, 접속 문제 등 여러 가지 제약으로 인한 결과로 생각된다. 또한 특히 이들 가운데는 불법 체류자도 적지 않을 것이기 때문에 회원가입 등 적극적인 활동을 하는 데 어려움이 있기 때문일 것이다. 이런 점에서 한 가지 흥미로운 것이 인터넷 방송국이다. 인터넷 방송국은 외국인 노동자들이 직접 방송을 만들고 이끌어 가며 외국인 노동자간의 연대 강화와 사회적 관심사의 공유에 도움을 주고 있다. 아직까지 전반적으로 사회적 소수자로서 외국인 노동자 사이트가 충분히 활성화되고 있지는 않지만 동성애자의 경우에서 보듯이 인터넷을 통한 활동의 잠재력은 매우 크다고 생각된다.

이처럼 거대 매체, 대중적 매체를 중심으로 정치적, 사회적, 문화적 논의가 이뤄지던 과거와는 달리 비주류 하위집단이 적극적으로 정치과정에 참여할 수 있게 되었다는 점에서 인터넷이 긍정적인 기능을 하고 있다고 할 수 있다. 그러나 유럽의 극우정당 등 소수의 반체제 집단의 출현 역시 가능하다는 점에서 우려할 만한 부정적 현상이 나타날 수 있다는 점도 동시에 지적해야 할 것 같다.

3. 개별화된 불만의 결집: 안티사이트

소수집단의 결집 강화라는 인터넷의 이러한 특성을 찾아볼 수 있는 또 다른 사례가 안티사이트이다. 안티사이트는 이슈, 인물, 상품 등에 대해 불만을 가진 이들이 모여 만든 사이트로 일종의 고발적 성격을 지닌 것이라고 할 수 있다.

안티사이트가 급속도로 성장하게 된 계기는 1999년 10월 닉스사가 3억을 걸고 공모한 도메인 주소에 대한 수상작으로 ifree.com을 선정하였는데 네티즌들이 이에 대한 조작의혹을 제기하면서 생겨난 '안티닉스 캠페인'이었다(김종길 · 김문조, 2006: 180). 2000년에는 현대자동차 트라제에 대한 제품 불만에 대해 해당 기업이 성의 있게 대응하지 않자, 안티트라제 사이트를 만들어 불만을 가진 이들을 결집했다.

> 지난해[1999년] 12월 개설된 이 사이트는 5개월 만에 18만 명이 넘는 네티즌이 방문하고 게시판에 5,000여 건의 항의성 글이 올라오

> 는 등 폭발적인 호응을 얻고 있다. 인터넷 소비자 운동의 대표적 케이스로 부각되면서…판매에 영향을 미치고 있어 현대 측을 난감하게 하고 있다. …현대 측은…지난 달 6일에는 홈페이지 운영진을 만나…지적된 문제점을 개선키로 약속하는 등 결국 '백기'를 들었다(동아일보, 2000. 5. 16. 강원택, 2003a: 393-394에서 재인용. [ ]은 추가한 것).

이처럼 기업의 횡포나 제품에 대한 불만을 표출하기 위한 기업 관련 안티사이트는 삼성, SK텔레콤, 남양유업 등 그 이후에도 계속해서 문제가 있을 때마다 생겨났다. 과거라면 거대 기업과 개별화된 소비자 간의 불균등한 힘의 관계로 인해 생각하기 어려운 일이었지만, 문제의식을 공유하는 소비자들이 인터넷을 통해 결집함으로써 이슈를 확산시키고 영향력을 발휘할 수 있게 된 것이다. 결과적으로 소비자의 권리를 강화하는 데 적지 않은 기여를 했다.

기업에 대한 안티사이트가 제품이나 기업에 대한 불만을 토로하고 피해보상 등을 받기 위한 자기구제형의 속성을 갖고 있다면 이보다 사회적인 성격을 강하게 갖는 안티사이트도 나타났다. 대표적인 것 가운데 하나가 '안티조선(neo.urimodu.com)'이다. 1998년 고려대 최장집 교수를 둘러싼 이념공방과 이를 둘러싼 법정소송 등을 겪은 후 조선일보의 보도태도에 불만을 갖는 이들이 만든 안티사이트이다. 반면, 인터넷 신문인 오마이뉴스에 반대하는 안티 사이트도 존재한다. 2002년 5월에 생겨난 오노뉴스(www.ohnonews.net)는 오마이뉴스가 친노무현, 친열린우리당, 반조선일보로 너무 편향적으로 기울어져 있다는 문제의식에서 생겨난 사이트이다. 흥미로운 점은 오마이뉴스가 조선일보, 중앙일보, 동아일보처럼 소위 주류 언론의 보도에 대한 '안티'로 생겨난 대안매체이지만, 오마이뉴스 역시 안티에서 벗어나지 못했다는 점이다. 이처럼 오프라인이든 온라인이든 의제설정에 큰 영향력을 갖는 언론기관의 보도 태

〈표 5-1〉 안티사이트의 종류와 수(2003년 8월 현재)

구 분	기 업	특정 인물	단체/제도/ 정책	미디어	메 타	기 타	합 계
안티사이트의 수	138	107	99	21	14	28	407

자료: 김종길 · 김문조(2006: 185).

도나 권위에 대해 소수의 개인이 인터넷을 통해 맞설 수 있게 된 것이다. 이 밖에 호주제에 반대하는 안티호주제와 같이 특정 이슈를 중심으로 한 안티사이트도 존재하고, 정부의 국정브리핑을 빗댄 걱정브리핑(www.newscham.net/worrynews)과 같은 정부기구의 활동에 반대하는 안티사이트도 존재한다. 〈표 5-1〉은 안티사이트의 대상을 기준으로 한 분류인데 매우 다양한 영역에서 안티사이트가 개설되고 있음을 잘 보여 준다.

그런데 안티사이트는 그 설립목적이 어떠하든 주류, 다수, 거대함 등에 대한 상대적 소수의 저항의 속성을 지닌다. 즉 존재의 목적이 많은 이들이 관심의 대상이 되는 인물이나 기구, 제도 혹은 많은 사람들이 사거나 읽거나 하는 상품에 대한 저항인 만큼 안티사이트의 기본적인 속성은 소수파의 저항적 문제제기인 것이다. '안티사이트가 없다면 유명인사가 아니다'는 속설은 이런 점에서 이해될 수 있는 것이다.

안티사이트는 불만이 해소되거나 상황이 바뀌게 되면 더 이상의 추진력을 잃게 된다는 점에서 영속성이나 강한 정체성을 갖고 있지 않는 경우가 많다. 기업들의 경우에는 안티사이트를 경험하고 난 뒤 회사 사이트에 개방형 자유게시판을 만들어 소비자의 불만을 자체적으로 수용하고 있는 추세이다. 또한 안티사이트는 일부 연예인에 대한 근거 없는 거부와 적대감의 표출에서 나타났듯이 적지 않은 문제를 낳을 수도 있다. 그러나 사회 전체적으로 볼 때는 소수자의 의사나 이해관계가 불공정하게 무시되거나 외면되는 현상을 막아 주고, 서로 다를 수 있는 다양한 견해가 규모의 문제를 넘어 공존할 수 있도록 해 준다는 점에서 긍정적인 기여를 하고 있다고 할 수 있다. 다음의 글 역시 안티사이트의 이런 긍정적인 특성을 잘 지적해 주고 있다.

> 안티문화의 확산과 함께 이제 개별 주체의 작은 이해가 신속하고 용이하게 이슈화될 수 있게 되었을 뿐만 아니라 누구나 지리적 제약과 공간적 한계를 뛰어넘어 상호 지지와 연대의 폭을 넓힐 수 있으며 지속적인 논쟁과 폭로를 전개할 수 있게 되었다. …또 오랫동안 우리 사회에 잠재되어 있었지만 공개적인 표현의 통로를 찾기 어려웠던 이견과 이단, 대립상의 갈래가 안티운동을 통해 분명히 드러남으로써 우리 사회의 민주주의가 한 걸음 더 앞으로 나아가는 신호탄으로 판독될 여지도 있다(김종길, 2003: 172).

4. 하위영역으로 이해관계의 세분화

인터넷 시대의 또 다른 흥미로운 정치적 특징은 과거에 대체로 동질적인 것으로 간주되었던 집단이 보다 구체화된 하위의 관심 분야로 계속해서 분화해 가는 경향도 나타나고 있다는 점이다. 비유하자면, 이전에는 모두가 농업에 종사한다고 생각하면서 스스로의 정체성을 찾았다면 이제는 화훼, 축산, 과수, 쌀농사 등 보다 하위단위로 분화해 가고 분화된 영역에서 동질성을 확인하려 한다는 것이다. 그런 만큼 규모는 작아지지만 이들 집단의 정체성은 더욱 강화될 것이다.

하위영역으로 계속해서 분화해 가는 모습을 보여 주는 가장 좋은 사례 중 하나가 정치논객 사이트일 것이다. 정치논객 사이트는 2002년 대통령 선거 과정에서 노무현 후보를 지지하는 이들이 모여 개설한 서프라이즈(www.seoprise.com)의 돌풍과 함께 커다란 관심의 대상이 되었다. 서프라이즈는 노사모와 함께 온라인 공간상에서 소위 '노풍'을 불러일으키는 데 커다란 역할을 했는데, 노사모가 참여와 동원을 추구하는 공간이었다면 서프라이즈는 이들에게 지지 논리를 제공하는 공간이었다(장우영, 2004: 121). 2002년 선거에서 노무현 당선이라는 공동의 목표를 갖고 서프라이즈를 중심으로 함께 활동하던 이들은 노무현 정부 출범 이후 정책과 노선을 둘러싼 인식의 차이로 인해 분화를 겪게 된다. 대북 송금 특검을 둘러싼 내부의 논쟁 결과 서프라이즈 내의 민주당 지지층은 이탈하여 동프라이즈(www.politizen.org)[2]라는 별도의 웹사이트를 개설하게 되었다. 그러나 얼마 지나지 않아 동프라이즈 역시 노선을 둘러싼 내부적 갈등을 겪으면서 다시 남프라이즈(www.namprise.com)라는 별도의 논객 사이트와 서로 분리하게 되었다. 그리고 17대 총선 이후 남프라이즈로부터 다시 이너모스트(www.innermost.or.kr)라는 별도의 웹사이트가 분리되어 나가게 되었다. 이들 집단은 각각 친노무현, 비노무현, 반노무현 등 정치적으로 상이한 성향을 대표하는 것들이다(장우영, 2004: 121-122). 큰 범주에서 본다면 유사한 정치적 성향을 지니고 있고 서프라이즈라는 단일 정치논객 사이트에서 활동해 온 이들이 2년이라는 짧은 시간 사이에 4개의 상이한 논객 사이트로 분화해 나가게 된 것이다.

이렇게 된 것은 유사한 성향을 지니고 있더라도 이들 간에 나타나는 차이와 이견을 쉽게 받아들이지 못하고 내부적 갈등과 이견을 감내하고 함께 지내기보다는 별도의 하위집단을 만들어 내는 것이

---

2) 동프라이즈는 폴리티즌으로 명칭이 바뀌었다.

더 낫다고 판단한 것이다. 그런데 여기서 지적하고 싶은 점은 이처럼 인터넷 공간상에서 이뤄지는 집단 형성은 매우 쉽게 분화되어 간다는 것이다. 윤성이(2003: 61)는 이런 특성에 대해서, "온라인 공동체는 현실 공동체와 비교할 때 가입(entry)과 탈퇴(exit)가 자유로우며 이러한 사실은 일면 개인의 자유를 증진시키는 효과는 있으나, 쉬운 가입과 탈퇴는 구성원으로 하여금 조직에 대한 강한 일체감과 책임감을 창출해 내는 데 한계를 가지며 결과적으로 두터운 공동체(thick community)를 유지하는 데 한계가 있다"는 점을 지적하고 있다. 허시만(Hirshman, 1970)의 용어를 빌자면, 온라인 공동체에서는 불만이 생기는 경우 충성심(loyalty)을 갖고 집단 내부에서 항의(voice)를 통해 교정하려고 하기보다는 그냥 탈퇴(exit)를 선택하게 되는 것이다. 탈퇴에 수반하는 비용이 적다면 더욱 쉽게 탈퇴를 결정할 수 있다. 이런 특성은 인터넷상의 공동체의 특성에 대한 근본적인 의구심을 갖게 하기도 한다. "현재의 사이버 공간은 결코 가상 '공동체'가 아닌 고립된 개인들의 집합일 뿐이다. 시민들이 고립되면 될수록 이들은 자신만의 판단에 의존하기 쉽다"(윤성이, 2005: 20)는 지적은 이런 점에서 볼 때 수긍할 수 있다.

이처럼 굳이 다수 뭉치지 않아도 일정한 의사표출과 영향력 행사가 가능하다는, 규모를 무시하는 롱테일 정치의 특성이 여기에도 반영되고 있다고 할 수 있다. 그만큼 관심과 주장은 파편화되고 소규모의 보다 동질적인 여러 개의 집단으로 분할되는 것이다.

5. 배타적이고 고립된 정체성의 강화

롱테일 정치와 관련된 또 다른 현상은 인터넷상에서의 정치적 의사소통이 폭넓고 개방적인 네트워크의 형성으로 이어지기보다, 매우 협소하게 정의된 관심사와 이해관계에 따라 폐쇄적으로 결집되면서 소수만이 공유하는 독특한 정체성을 더욱 발전시키는 결과를 초래할 수 있다는 점이다. 이는 제2장에서 논의한 대로, 숙의민주주의의 가능성에 대한 부정적 시각에서 종종 지적되고 있는 것처럼, 인터넷상의 토론이 공론장의 기능을 하고 있는 것처럼 보여도 실제로는 유사한 관심을 갖는 이들끼리의 논의일 뿐 숙의민주주의가 기대하는 것과 같은 다양성, 서로 다름에 대한 인정과 상생, 공존의 모습을 찾아보기는 어렵다는 주장과도 맥을 같이 하는 것이다. 즉 개방적인 토의 과정을 통해 상대방을 이해하고 양보와 설득의 과정을 통해 합의에 도달하게 되기보다는, 자기가 원하는 정보만을 선택적으로 받아들이고 기존에 자신이 갖고 있던 생각을 강화(reinforce)하는 경향이 나타난다는 것이다. 박선희(2004: 458-459)는 인터넷을 통한 정보 습득이 활성화되면서 이용자가 자신이 관심 있는 분야의 뉴스나 정치정보만을 선별적으로 이용하는 일종의 뉴스 편식 현상과 전체적인 뉴스보다 자신이 선호하는 뉴스에만 깊이 매몰되는 문제가 발생할 수도 있다는 점을 지적한 바 있다. 김종길(2005: 63) 역시 이와 유사한 견해를 피력했다.

> 특히 조선·중앙·동아나 한겨레·오마이뉴스처럼 이념적 성향이 뚜렷한 매체들의 토론방에는 해당 매체의 성격에 부합되는 방향으로 참여자들의 의견이 수렴되는 경향이 강했으며, 주류 의견에 대한 반대 표명이나 이견은 공격적인 네티즌들에 의해 이른바 '온라인 린치'를 당하기 십상이었다. …그리하여 뚜렷한 이념적 성향을 보이고 있는 조선일보나 오마이뉴스 같은 인터넷 미디어의 토론방에는 (준)익명적인 참여자들이 토론을 통해 끊임없이 상대방과 자신의 동질성 또는 차이를 확인하고자 시도하며, 이 과정에서 한 번 가깝다고 지각된 상대에게는 더욱 동조하고 그 반대의 경우에는 더욱더 차별화

하여 여론 양극화 현상이 빈발한다.

그런데 여기서 주목하는 것은 이러한 유사한 생각을 가진 이들(like-minded people)간의 자기 정체성의 강화라는 현상이 매우 편협하고 배타적인 형태로까지 나아갈 수 있다는 점이다. 즉 외부와의 자유로운 소통보다는 매우 협소하게 정의된 폐쇄적이고 고립화된 정체성의 강화가 인터넷 공간상의 소집단 형성으로 나타날 수 있다. 인터넷 등장 이후 자주 거론된 '폐인'이나 '마니아'라는 용어 역시 이러한 현상과 무관하지 않다고 생각된다. 이러한 예는 현실에서도 찾아볼 수 있는데, 여기서는 이른바 '디시 폐인'의 사례를 중심으로 그 특성을 살펴보기로 한다.

디시인사이드(www.dcinside.com)는 디지털 카메라 제품을 판매하면서 이에 대한 다양한 정보를 제공하는 사이트였다. 그러나 제약 없이 참여할 수 있는 사이트 내 공개 게시판에 각종 사회적 사안들에 대한 논의가 이뤄지면서 이 사이트는 디지털 카메라와 무관하게 각종 정치·사회적 안건들이 활발하게 논의되는 공간으로 변모했다. 이러한 온라인 토론 과정에 적극적으로 참여하는 이들은 자신을 '디시 폐인'이라고 불렀는데 이들 '디시 폐인들'은 디시인사이드 게시판을 중심으로 사회적인 관심사에 대해서 활발하게 논의를 전개하고 온라인뿐만 아니라 오프라인상에서 실제 집단행동에 나서기도 했다. 특히 온라인 게시판 내에 많은 관심과 참여를 보였던 대표적인 사건으로는 2002년 미군 장갑차에 의한 여중생 사망사건, 노무현 대통령 탄핵 사건, 이라크 파병 문제 등 주요 정치 사건들과, 가수 유승준 씨 입국 거부 사건, 미국 원정 출산 문제, 가수 문희준 씨의 네티즌 고소 사건 등 당시 주목을 받았거나 논란을 일으켰던 사회적 사안을 들 수 있다.

그런데 사실 이런 종류의 행동을 보이는 사이트는 디시인사이드 이외에도 매우 다양한 온라인 사이트를 들 수 있을 것이다. 여기서 '디시 폐인'에 특히 주목하는 것은 이들이 그 사이트 내에서 활동하는 형태가 매우 배타적이고 특수한 특성을 보였기 때문이다. 이들은 기존의 언어체계를 부정하고, 아햏햏, 햏자, 수햏, 햏언수햏, 쎄우다 등 일반인들이 이해할 수 없는 새로운 용어와 상징체계를 통해 '디시 폐인들'만이 이해할 수 있는 독특하고 배타적인 소통 수단과 정체성을 만들어 냈기 때문이다. 즉 이들은 "햏자의 언어로 말하며 햏자의 방식으로 사고하고 행동"했는데, 이러한 그들의 활동은 "특정한 방식으로 뒤틀어진 상징체계를 공유"함으로써 내부자와 외부자를 구분하는 배타적 경계를 만들어 내는 것이다. 즉 "디시 폐인들은 한글 맞춤법을 부정하여 외부와의 차이를 만들어 내고 상징적 자원들을 통해 현실을 인식하며 자기 정체성을 구현"하고자 한 것이다(방희경, 2006: 66-67). 이런 점에서 볼 때 디시 폐인들은 "철저한 상징과 이미지의 활용으로 집단 정체성을 임의로 구현"하려는 것이며, "폐인들이 구사하는 파괴적 언어 행태는 사회 내부에서 그들의 타자성을 확인하는 욕망인 동시에 개인의 타자성을 집단적 정체성으로 전화시키는 주요한 문화적 통로"(김종길·김문조, 2006: 113)의 기능을 수행하게 되는 것이다. 디시 폐인은 이처럼 외부 세계와 구분되는 폐쇄적인 소수의 하위문화를 만들어 낸 것이다. 이런 점에서 볼 때,

> 디시인사이드는 새로운 사이버 문화를 만들어 내는 성과를 보였지만 반대로 개인이 공동체에만 몰입됨으로써 사회로부터 고립되고 자신들만의 만족을 추구하는 파편화와 왜소화라는 문제점을 드러내기도 했다. 대표적으로 자신들을 '햏자'로 자처하면서 모든 것을 일반인들과는 다른 형태로 발산하기도 한다. 이들의 '주침야활(晝寢夜活)', 그리고 라면을 주식으로 한다는 '면식(麵食)'은 개별화된 인간

의 모습을 보여 주는 하나의 사례이다. 디시인사이드는 사이버 공동체 내의 내부적인 연대감이 형성되기는 하지만 결국 자신들만의 문화적 현상에 따른 고립화에 다름 아닌 것이다(송경재, 2004: 106).

'디시 폐인'의 사례는 인터넷 공간 내에 형성된 소규모 집단이 자신들의 동질성을 확인하는 방식으로 외부 세계와 철저히 구분되는 자신들만의 폐쇄적, 고립적 상징체계와 의사전달체계를 만들어내고 있음을 보여 주는 것이다. 이들의 활동은 그 특성이 정치적이기보다는 문화적인 것이지만, 놀이와 재미를 토대로 기존 관습이나 질서에 대한 반감이나 비판, 도전의 의미도 담아내고 있다고 할 수 있다.

6. 소 결

롱테일 정치는 선거나 의회정치와 같은 공식적인 정치제도를 통해서는 별다른 관심의 대상이 아니었던 소수자(minority)가 인터넷 공간에서는 그보다 훨씬 강력한 영향력을 행사하는 존재로 등장할 수 있는 가능성에 주목하는 것이다. 롱테일 경제에서는 인기상품보다 다종 소량 판매를 통한 이익이 더 크다고 하지만, 롱테일 정치에서는 아직까지 이들 소수집단이 기존의 제도권 정치세력보다 더욱 강한 힘을 발휘한다고 보기는 어렵다. 또한 이러한 변화가 정당정치에 미치는 영향은 아직 그 효과가 구체적으로 드러나고 있지도 않다.

그러나 동성애 집단이나 안티사이트에서 보듯이 과거에 일방적으로 억눌려져 왔거나 무시되어 왔던 여러 가지 목소리가 이젠 그 제도적, 사회적, 정치적 힘의 불균형과 무관하게 표출되기 시작했고 사회적으로 영향을 미치기 시작했다. 이런 점에서 볼 때 롱테일의 영역에 놓여 있는 다양한 정치사회적 이슈들은 인터넷의 등장과 함께 과거처럼 제도적으로 표출되지 못하고 여분으로 남아 있는(redundant) 존재가 아니라, 상황에 따라서는 정책결정 등 구체적인 결과에 영향을 미칠 수 있는 실질적 존재가 된 것이다.

그런데 이러한 상황의 변화가 정당정치에 미치는 문제는 그리 단순하지 않다. 무엇보다 정당의 조직적 대응을 어렵게 할 수 있기 때문이다. 기존의 대중정당 조직은 계급과 같이 대다수의 지지자들을 하나로 묶어 내는 '패키지'에 의존해 있다는 점을 고려할 때, 다품종 소량 판매라는 롱테일 정치의 특성과는 잘 어울리지 않는 것으로 판단되기 때문이다. 과거에는 집단적 정체성, 위계적 조직 등을 통해 정당이 당원들을 통제하고, 여러 가지 사회적인 이슈 가운데 필요한 것을 선택해서 이를 정치적인 지지로 동원하고자 해 왔다. 즉 정당 역시 정치체계 내에서 다양한 정치적 요구의 게이트키퍼(gatekeeper)로서의 역할을 해 온 것이다. 그러나 롱테일 정치에서 보듯이 오늘날 인터넷을 통해 표출되고 있는 파편화되고 다양화된 이해관계를 대중정당 형태의 '한 묶음의 패키지'로 지지층을 규합하고 묶어 내기는 쉽지 않을 것으로 보인다. 그런 점에서 인터넷을 통한 정치활동의 활성화는 대중정당이 전통적으로 유지해 온 계급 등 집단적 정체성에 기초해 온 이익표출의 기능에 대한 도전이 되고 있다. 롱테일 정치는 정당이 수직적인 조직 형태보다는 다양한 이해관계를 수평적으로 연결하는 허브와 같은 네트워크의 중심적인 존재로 변화해야 한다는 새로운 과제를 던지고 있다.

제 6 장

놀이와 정치

1. 싸이월드
2. 노사모
3. 패러디
4. 소 결

제 6 장 놀이와 정치: 감성의 정치

인터넷은 정보의 바다라고 하지만 놀이의 공간이기도 하다. 과거 TV를 보며 시간을 소일하고 재미를 느꼈다면 오늘날에는 인터넷이 제공해 주는 다양한 콘텐츠를 즐기는 것을 더 선호하는 이들이 많아졌다. 친구들과 영상채팅하며 시간을 보낼 수도 있고 사진이나 동영상을 올리거나 보면서 시간을 보낼 수도 있고, 영화나 드라마를 다운로드 받아 보면서 즐길 수도 있다. 즉 채팅처럼 남들과 교류하며 놀 수도 있고, 사진이나 동영상을 올리는 것처럼 나 스스로 참여하고 콘텐츠를 만들어 제공하면서 놀 수도 있고, 혹은 다른 사람이 제작한 내용물을 소비하면서 놀 수도 있는 것이다. 이처럼 인터넷은 수동적으로 오락을 소비해야 했던 TV 등 기존 매체와는 달리 다양한 방식으로 즐거움을 찾을 수 있다.

인터넷이 놀이의 공간이라는 것은 이처럼 다양한 방식과 풍부한 콘텐츠를 제공해 줄 수 있다는 매체의 특성으로 인한 결과이다. 즐거움, 재미, 놀이가 중요하다는 것은 매체로서 인터넷이 시각적이고 순간적이고 감각적인 특성을 가진다는 것을 의미한다. 수많은 정보가 범람하는 공간에서 그만큼 인터넷 공간은 감성적 자극과 흥미를 주는 정보에 민감하다.

인터넷의 정치적 활용에 있어서도 감성적 매체라는 특성이 확인된다. 인터넷 공간상에서 주목을 받는 정치적 토론의 주제 역시 감성을 자극하는 것들이 많다. 예컨대 인터넷 공간상에 활발한 참여와 토론을 불러 일으켰던 미군 장갑차에 의한 여중생 사망사건이나 독도 영유권 문제를 둘러싼 한·일 간의 갈등과 같은 사안은 모두 민족주의라는 감성을 자극하는 이슈였다. 참여를 촉발하는 사안의 속성이 아니더라도 인터넷 공간상에 이뤄지는 정치적 토론은 숙의민주주의에 대한 기대감과는 달리 매우 감성적이고 즉각적인 대응, '걸러지지' 않은 감정의 배출·배설에 그치는 경우가 많다. 각종 게시판에 올라오는 리플이나 기사 혹은 칼럼에 대한 댓글을 살펴봐도 대부분의 경우 특정 사안이나 의견에 대한 반응이 매우 즉각적이고 단순하다. 그런 토론 과정에서 진지한 성찰이나 고민, 이성적 논의와 상대방에 대한 배려의 모습은 사실 찾아보기 힘들다.

이 장에서의 관심은 재미와 즐거움을 주는 놀이공간, 그리고 감성적 매체로서의 인터넷이 정치적으로 어떻게 활용되고 있고 또 어떤 특성을 나타내는지에 대해 살펴보려는 것이다. 여기서는 싸이월드, 노사모, 정치 패러디 등 모두 세 가지의 사례를 중심으로 놀이공간으로써 인터넷 내에서의 정치활동을 들여다볼 것이다.

1. 싸이월드

정치와 관련된 놀이 공간으로서 흥미로운 사례가 싸이월드(www.cyworld.com)이다. 싸이월드는 SK커뮤니케이션즈가 운영하는 인터넷 커뮤니티의 일종이다. 그런데 다른 인터넷 커뮤니티가 특정한 관심이나 관계에 따른 집단 형성을 추구했다면 싸이월드는 미니홈피라는 개인적 공간을 제공하고 개인을 중심으로 한 커뮤니티 활동을 추구했다는 점에서 차별화를 보인다. 싸이월드의 미니홈피는 다이어리를 통해 개인의 사적인 생활을 글로 기록하고, 사진첩을 통해 사진, 동영상 등으로 자신의 일상적인 삶의 모습을 공개하고, 방명록을 통해 자신의 미니홈피를 방문한 다른 사람들과 교류할 수 있는 공간을 제공해 주고 있다. 그런 점에서 볼 때 싸이월드는 개인 홈페이지, 블로그, 커뮤니티 형성, 네트워크 구축 등의 기능을 모두 담고 있는 복합적인 개인미디어라고 할 수 있다.

그런데 일반적으로 인터넷 공간에서 접하는 블로그(blog)가 텍스트 중심이며 내용도 기사, 정보, 칼럼 등 이성적인 측면이 강조되는 경향이 있다면, 싸이월드의 미니홈피는 사진이나 그래픽 등 이미지가 중심이 되고 있으며 여기에 배경음악까지 포함한 시각적이고 청각적인 특성을 갖는 감성 중심의 공간이라고 할 수 있다. 싸이월드 이용자 가운데 19−29세와 여성이 상대적으로 다수를 차지하고 있다(김선미, 2005: 38)는 점도 이런 특성과 관련이 있을 것으로 보인다.

싸이월드의 특성은 기본적으로 자신의 일상적인 삶의 모습을 타인에게 공개한다는 데 있다. 내가 어디를 다녀왔고 누구와 만났고 어떤 일을 했고 하는 등의 시시콜콜한 일상생활의 모습이나, 어떻게 자랐고 무엇을 좋아하고 하는 등의 매우 사적인 모습이 사진, 동영상이나 글을 통해 공개된다. 마치 친구집에 놀러가서 앨범을 들춰 보며 그 친구의 성장과정이나 최근 생활모습을 살펴보는 것과 마찬가지의 즐거움을 온라인 공간에서 찾게 되는 것이다. 싸이월드는 이처럼 한편으로는 표현과 노출의 욕구, 다른 한편으로는 남의 사적인 생활을 '들여다본다'는 일종의 관음증적인 욕구의 충족과도 관련이 있다. 상대방이 궁금증을 자아내는 인물이라면 '들여다보려는' 욕구는 더욱 커지게 될 것이다.

그런데 싸이월드에서 흥미로운 것은 네트워크 형성의 방식이다.

싸이월드에서 다른 사람들과 네트워크를 형성하는 방식은 '일촌맺기'이다. 자신의 미니홈피를 방문한 방문자가 '일촌' 관계를 신청하면 미니홈피 주인은 이를 수용할 수도 있고 거부할 수도 있다. 일촌 여부에 따라 사진과 글 등 자신이 제공한 미니홈피상의 콘텐츠에 대한 접근성에 차이를 만들 수 있다. 따라서 일촌을 맺는다는 것은 그만큼 상당한 정도의 친분, 친밀감을 전제로 하는 것이다. 그런데 일촌맺기는 우선 그 표현이 매우 한국적이다. 한국의 전통적인 친족 개념이 인터넷 공간상의 관계망 형성에 적용된 셈이다. 싸이월드의 일촌맺기에 대해 김선미(2005: 40)는 다음과 같이 지적하고 있다.

> '일촌맺기'라는 기능으로 대표되는 싸이월드 내에서의 사회성, 즉 현실세계와 마찬가지로 자신과 가까운 사람과 그렇지 않은 사람을 구분하여 사이버상에서 일종의 인간관계를 구현한다는 것이 대한 매력으로 이어진 것이라 분석할 수 있다. 이는 기존의 커뮤니티에서의 회원들간의 관계가 일차원적인 평면이었다면, 싸이월드에서의 관계는 평면이 아니라 계층이 있는 다차원적인 것으로서, 나와 친분이 깊은 사람들, 즉 1촌과 그렇지 않은 사람들을 구분하는 현실에서의 그것과 사뭇 비슷하게 구현되었음을 의미한다.

이처럼 싸이월드는 "비가시적인 친분관계를 '일촌'이라는 구체적인 특정 영역 안에 등록하는 절차를 통해 특별하고 친밀한 관계임을 가시적으로 설정"(이장영 외, 2006: 5)할 수 있게 해 주고 있다. 이런 점에서 싸이월드는 다른 온라인 커뮤니티와는 달리 단순한 정보제공이나 교류의 공간을 넘어서 '친분'을 통한 '감성'의 공유(윤성이, 2005: 16)를 기초로 한 인적 네트워크를 형성하도록 해 준다는 특성을 갖는다. 송경재(2004: 20)는 이를 두고 '인맥기반의 사이버 공동체'라고 불렀다.

이러한 특성을 가진 싸이월드가 정치인들에게 매우 중요한 홍보 및 커뮤니케이션의 공간으로 활용되고 있다. 자신의 생각과 활동을 널리 알려야 하는 정치인들로서는 '건조한' 방식의 홍보보다 인간적인 친근감을 함께 줄 수 있는 싸이월드 미니홈피의 기능이 매력적으로 느꼈기 때문일 것으로 보인다.

우리나라 국회의원들 가운데 싸이월드에 미니홈피를 개설한 의원의 수는 2006년 5월 8일 현재 167명으로 당시 재적 국회의원 296명의 56.4%에 달했다.[1] 열린우리당은 의원 총 수 142명 가운데 50.7%에 해당하는 72명이 미니홈피를 운영했고, 한나라당은 124명의 당 소속 의원 가운데 66.9%에 달하는 83명이 미니홈피를 개설했다. 2007년 대통령 선거에서 주요 후보로 거론되는 정치인들도 모두 싸이월드의 미니홈피를 개설했는데 그 구체적인 현황은 〈표 6-1〉 〈표 6-2〉와 같다.

〈표 6-1〉 대통령 후보자들의 싸이월드 개설 현황(2007년 2월 14일 현재)

정치인	박근혜	이명박	손학규	정동영	김근태
URL	http://www.cyworld.nate.com/ghism	http://www.cyworld.nate.com/mbtious	http://www.cyworld.com/hqsohn	http://www.cyworld.com/cdy21	http://www.cyworld.nate.com/gtcamp
개설일	2004. 2. 26	2004. 5. 15	2005. 5. 2	2004. 2. 28	2004. 3. 29
총 방문자 수	5,557,953	1,100,394	181,145	182,989	135,700
월간 방문자 수	156,562	34,387	8,425	5,154	3,933
방명록 게시물 수	115,267	41,123	7,170	6,344	5,543

1) 〈표 6-1〉 〈표 6-2〉를 포함한 자료는 인터넷 정치연구회가 2007년 1월 행한 정치인 인터넷 팬클럽 관련 조사에서 발굴한 자료이다. 이 분야의 조사를 담당한 장우영 박사께 특별히 감사드린다.

〈표 6-2〉 최근 3개월간 미니홈피 접속 현황(2006. 11. 1 - 2007. 1. 31)

정치인	월간 방문자 수			월간 방문횟수			월간 페이지뷰			1인당 페이지뷰		
	6. 11	6. 12	7. 1	6. 11	6. 12	7. 1	6. 11	6. 12	7. 1	6. 11	6. 12	7. 1
박근혜	24,663	32,049	43,414	5.65	8.49	7.88	802,312	2,490,278	3,504,822	5.76	9.16	10.59
이명박	9,087	12,568	13,567	2.28	2.67	2.95	51,868	199,342	185,208	2.50	5.93	4.62
손학규	3,894	1,885	2,035	3.11	2.27	2.33	57,314	5,798	17,344	4.73	1.36	3.65
정동영	1,532	5,027	4,070	1.98	2.94	2.31	9,172	54,638	22,029	3.03	3.70	2.35
김근태	1,506	1,521	2,035	1.00	1.94	2.32	15,581	14,549	28,233	13.06	4.94	5.99

* 랭키닷컴 패널 조사에 의거한 자료임.

그런데 〈표 6-1〉과 〈표 6-2〉를 보면 미니홈피를 개설했다고 해도 방문객 수 등 활성화의 정도는 정치인마다 커다란 차이가 난다는 사실을 알 수 있다. 위의 표에서 알 수 있듯이, 싸이월드를 가장 성공적으로 활용한 정치인은 박근혜 전 한나라당 대표이다. 2007년 2월 14일 현재 5,557,953명이 박근혜의 미니홈피를 방문한 것으로 집계되었는데, 이 수치는 10만 명 단위의 방문객을 가진 다른 정치인들은 말할 것도 없고 두 번째로 많은 이명박 전 서울시장의 1,100,394명과도 비교가 안 될 만큼 많은 수이다. 방문객 수 뿐만 아니라 방명록에 게시물을 남기는 수, 월간 페이지뷰, 1인당 페이지뷰에서도 박근혜의 미니홈피는 다른 정치인의 추종을 불허한다고 할 수 있다.

여기서 제기될 수 있는 의문은 '왜 박근혜 미니홈피는 유독 잘 될까' 하는 것이다. 박근혜의 싸이월드 성공 원인은 다음과 같은 세 가지 정도로 분석해 볼 수 있다. 첫째, 박근혜라는 정치인의 '상품성'을 들 수 있다. 그 '상품성'은 우선 박정희 전 대통령의 딸이라는 그녀의 독특한 출신 성분에서 찾아볼 수 있다. 일반인들과는 다른 환경 속에서 커 온 왕실 공주의 생활을 동경하고 궁금해 하듯이, 대통령의 딸은 어떻게 성장해 왔고 정치가 아닌 일상생활에서는 어떤 모습을 하는지 궁금증을 갖게 되는 것이다. 앞서 지적하였듯이, 싸이월드는 기본적으로 '타인의 사생활을 들여다본다'는 관음증적인 속성을 지니고 있기 때문에, 〈그림 6-1〉에서 '엄마 육영수 여사'와 함께 찍은 사진에서 보듯이, 일반인들이 쉽게 접근할 수 없는 청와대 내의 대통령 가족의 생활 모습을 볼 수 있다는 사실만으로도 큰 흥미를 유발시키는 것이다. 싸이월드의 일촌맺기 기능 역시 이런 점에서 박근혜 미니홈피 활성화에 도움을 주고 있다. 박근혜와 같이 '특별한 존재'와 일촌을 맺는다는 것은 더 '특별한 관계'로 받아들여질 수밖에 없고 친근감도 그만큼 더해질 수 있는 것이다.

또 다른 상품성은 '여성스러움'에서 찾아볼 수 있다. 박근혜는 '여성스러운 여성 정치인'의 이미지를 주고 있다. 싸이월드가 여성들이 좋아하는 일상적인 소재를 다루고 있고 사진, 그래픽, 음악

〈그림 6-1〉 박근혜의 싸이월드 미니홈피

등 감성에 기반한 놀이 공간이라는 속성과 박근혜의 여성스러움이 잘 조화를 이루고 있는 것이다. 다음의 기사는 이런 특성을 잘 지적해 주고 있다.

> 이선재 다음(www.daum.net)포스트커뮤니티팀장의 분석은 싸이월드라는 트렌드가 추구하는 색깔과 정치인 박근혜라는 아이콘의 궁합이 절묘했기 때문"이라는 데 닿아 있다. 이 팀장은 "싸이월드는 여성스러움이 강한 특성을 가졌다. 타켓층이 19－24살 여성들이라 아기자기하고 여성스럽다. 그런 면에서 정치인 가운데에서는 박근혜 의원이 싸이월드의 성격에 딱 들어맞는다"고 말했다(한겨레신문, 2005. 4. 23).[2)]

실제로 박근혜 싸이월드에서 방명록이나 댓글에서 사용되는 용어는 딱딱한 문어체가 아니라 일상생활에서 구어체가 대부분이며 주고받는 글의 내용도 '가볍다'고 할 수 있다. 예컨대 '～입니다, ～합니다'는 표현보다는 '～이지요, ～해요'라는 식의 글이 많으며, 내용도 '예뻐요' '좋아요' '기뻐요' 등 감성적인 용어를 많이 찾아볼 수 있다.

두 번째는 박근혜 미니홈피의 운영방식은 자신의 정보를 일방적으로 제공하려는 것이 아니라 참여와 놀이의 마당, 즉 플랫폼으로 기능하고 있다는 것이다. 박근혜 미니홈피는 '내가 뭘 했고, 내가 뭘 하려고 하고, 내가 어떤 사람이다'라는 식으로 자신의 정보를 가져가라고 강요하지 않는다는 점이다. 그저 박근혜가 궁금하거나 관심이 있는 사람들이 찾아오면 미니홈피에 올려진 사진과 글을 읽으면서 '놀다가' 자신의 견해나 감정을 표현하고 가도록 하고 있다. 이 점은 다른 정치인들의 미니홈피와 매우 커다란 운영방식의

---

2) http://www.hani.co.kr/section-003000000/2005/04/003000000200504231416001.html(검색일 2007. 2. 12).

차이이다. 이처럼 박근혜 미니홈피의 성공요인은 우선 "박근혜를 감성적으로 홍보하는 콘텐츠들이 가득하다는 점이다. 박근혜는 감성적 콘텐츠들을 통해 베일에 가려질 수도 있는 자신의 과거와 일상을 매우 자연스럽고 인상적으로 드러내고 있다. 콘텐츠들은 단순한 글이 아니라 다양한 사진들이나 일기의 형식으로 자신의 인생과 인간적 면모를 드러내고 있다. 여기에 지지자들이 자발적으로 게시하는 다양한 동영상물들은 더욱 큰 시너지 효과를 낳고 있다(장우영)[3]"고 그 특성을 요약해 볼 수 있다.

즉 박근혜 미니홈피는 방문객들의 감성을 자극하는 놀이터인 셈이다. 그렇다면 싸이월드 내 박근혜 미니홈피를 방문하면 어떤 정치적인 효과를 기대할 수 있을까? 정치인 미니홈피 등의 방문이 정치인에 대한 태도에 어떤 변화를 가져다 줄 수 있을까? 〈표 6-3〉은 미니홈피 방문이 정치인에 대한 호감도를 높이는 데 기여한다는 사실을 보여 주고 있다. 전체 응답자 가운데 8.6%는 정치인 미니홈피 방문 이후 그 정치인과 매우 친근해진 느낌이 들었다고 응답했고 41%는 다소 친근해진 느낌이 들었다고 응답했다. 이 두 응답을 합치면 방문한 사람의 절반 가량이 미니홈피 방문 이후 정치인에 대한 이미지가 개선된 것이다. 앞서 보았듯이 박근혜가 싸이월드의 최대 방문객을 갖고 있는 만큼 이로 인한 수혜도 가장 크게 받은 셈이다.

〈표 6-3〉 정치인 미니홈피 방문의 효과

구 분	매우 친근해진 느낌	다소 친근해진 느낌	별 영향 없음	다소 부정적인 느낌	매우 부정적인 느낌	N
%	8.6	41.0	43.4	4.8	2.3	798

자료: 강원택.[4]

3) 인터넷정치연구회의 정치인 인터넷 팬클럽 조사 연구 결과 중.

그러나 이러한 긍정적인 이미지가 선거에서 '표'로까지 이어질지의 여부는 사실 이러한 응답으로도 확인하기는 어렵다. 싸이월드의 미니홈피는 감성과 이미지에 의존하는 놀이터이기 때문이다. 선거에서 지지를 이끌어 내는 데는 이슈나 정책, 리더십 등 구체적이고 이성적인 여러 가지 다른 요인들이 함께 작용하기 때문이다. 그럼에도 불구하고 정치인 미니홈피를 방문한 것이 그 정치인에 대해 우호적이고 긍정적인 이미지를 주고 있다는 사실은 매우 의미심장하다. 박근혜 미니홈피의 성공은, 규범적 평가와 무관하게, 인터넷 등장 이후 감성적 접근이 정치적으로 보다 큰 중요성을 갖게 되었음을 보여 주는 것이라고 할 수 있다.

2. 노사모[5)]

인터넷과 감성의 정치에 대한 두 번째 사례는 노사모이다. 노사모가 놀이와 무슨 관련이 있느냐고 할 수도 있겠지만, 노사모의 운영 방식의 특성을 살펴보면 감성 중심, 놀이와 재미라는 특성이 여기서도 확인된다.

노무현 후보를 대통령으로 만드는 데 큰 공을 세운 노사모는 우리 정치에서 찾아보기 어려운 자발적인 참여에 의존한 정치조직이라는 점에서 많은 이들의 관심을 끌어 왔다. 노사모의 구조와 운영

4) 이 데이터는 강원택이 2006년 4월부터 5월 사이에 인터넷의 정치적 사용에 대해 서울 시내 시민들을 대상으로 숭실대학교 학생들의 도움을 받아 조사한 자료로 연령별 구성은 20대(19세 포함) 40.2%, 30대 24.0%, 40대 21.1%, 50대 이상 14.7%로 구성되어 있다. 성별 구성은 남성은 50.1%, 여성은 49.8%이다. 표본의 크기는 1,684명이다.

5) 이 절에서의 논의는 강원택(2004)에 기초하고 있음.

방식이 정당과 비슷한 구조와 특성을 지니고 있다는 점도 흥미로운 점이다. 그렇지만 노사모는 앞 장에서 논의한 대로 기본적으로 '팬클럽'이라는 특성을 갖는다. 노사모가 노무현이라는 인물이 상징하는 지역주의 극복이나 정치개혁이라는 대의에 대해 공감하는 이들의 모임이라고 해도, 노무현이라는 인물에 대한 호감이 노사모 결성의 가장 근본적인 원동력이기 때문이다. 마치 좋아하는 가수나 배우에 대한 호감이 그 연예인 팬클럽에 참여하게 하는 것과 마찬가지로, '친근함, 호감'이라는 감성이 노사모 참여의 기본적인 유인이다.

정당에 참여하는 동인에 대해서 웨어(Ware, 1996: 68-78)는 물질적 유인(material incentive), 목적적 유인(purposive incentive), 연대적 유인(solidary incentive)의 세 가지로 구분했는데, 이러한 구분은 노사모 참여의 동인을 이해하는 데에도 도움이 된다. 세 가지 유인 가운데 물질적 유인은 선거운동이나 정당활동에 참여하는 대가로 금전이나 사업상의 혜택을 주는 것을 말하는데, 과거 서구의 선거권 확대 과정에서 나타나는 지주와 소작농, 혹은 후견인-피후견인 간의 정치적 거래와 같은 것이 이것의 예가 된다. 돈을 받고 선거운동을 해 주는 우리나라의 선거운동원도 물질적 유인의 좋은 예가 될 수 있을 것이다. 목적적 유인은 정당의 이념이나 정책강령 등에 의해 정당에 참여하게 되는 경우를 말한다. 즉 정당이 궁극적으로 추구하고 실현하려는 정치적 목표나 가치에 대한 공감에서 참여하게 되는 경우이다. 현대 서구의 정당정치에서는 이와 같은 목적적 유인이 가장 중요하며, 연대적 유인을 통한 충원이 정치교육이나 교화를 통한 방식 등 여러 가지 정치적 사회화의 과정을 통해 목적적 유인을 갖게 된다고 보았다.

연대적 유인은 물질적 유인에 비해 혜택이 구체적이지 않다. 개인 스스로는 누릴 수 없는 혜택을 집단을 통해 얻을 수 있기 때문에 정당에 참여하게 되는 경우를 말한다. 예컨대, 다른 사람과 어울리거나 선거운동 과정에서 정치적 담화를 같이 나눌 수 있게 되는 즐거움 등을 말한다. 이러한 연대적 유인은 과거 정당들에게는 대단히 중요한 것이었다. 19세기 말에서 20세기 초 여가활동을 위한 충분한 시설이 없었던 상황에서 서구의 정당들은 값싼 선술집이나 축구팀, 여름캠프 등 사교와 레크리에이션을 위한 시설을 제공하였고 이러한 연대적 유인을 통해 참여를 제고하고 그들에게 정치적 교육을 시키고자 했다. 즉 놀이와 재미를 통해 일단 참여를 이끌고 이를 정치적 지지로 연결시키고자 했던 것이다. 즉 정당들은 '맥주와 게임(beer and skittles)' 혹은 '차와 과자(tea and buns)' (Ware, 1996: 70)를 통해 사람을 끌어 모으고 이들을 정치적으로 교화시키는 전략을 행했던 것이었다.

이 세 가지 유인 가운데 노사모와 관련하여 살펴볼 수 있는 흥미로운 특성은 연대적 유인과 관련된 것이다. 노사모 홈페이지와 회원들의 참여 형태를 보면 이 가운데 연대적 유인이 자주 발견되고 있다. 노사모에는 많은 수의 동호회가 조직되어 있고 지역별 모임도 매우 활발하게 이뤄지고 있다. 노사모 홈페이지는 평시에는 마치 일반 포털사이트에서처럼 일종의 놀이공간으로 기능하고 오프라인에서의 소모임을 통해 취미나 여가활동을 함께 즐기는 기회를 제공했기 때문이다. 실제로 노사모의 일상적인 활동은 언제나 정치적인 이슈나 사건으로만 이뤄지는 것은 아니었다. 평시에는 다른 포털사이트에서처럼 일종의 놀이공간처럼 참여하고, 또 틈틈이 오프라인에서의 소모임을 통해 취미나 여가활동을 함께 어울리며 즐기는 것도 노사모라는 집단의 성공적 운영을 설명해 주는 요인이다.

노사모가 노무현의 지지자들의 모임이라는 정치적 특성을 강하게 지니고 있지만 그와 동시에 노사모 참여자들에게 '놀이와 재미'

라는 효용을 함께 제공하고 있는 셈이다. 따라서 정치적인 쟁점이 없는 때에도 이러한 연대적 유인이 노사모 회원들의 참여와 활동을 가능하게 한 것이다. 과거에 정당이 연대적 유인을 활용했던 한 이유는 정당활동에 대한 일종의 심리적 진입장벽이나 거부감을 줄이기 위한 방편이라고 해석해 볼 수 있다. 노사모의 경우에도, 의도하였건 의도하지 않았건 이와 같은 연대적 유인을 통해 신규 회원의 충원이나 기존 회원들의 경우 노사모 활동에 대한 적극적인 참여를 보다 용이하게 이끌 수 있는 효과를 준 것이다.

흥미로운 점은 마치 과거 서구의 정당들이 연대적 유인에 의해 당원들을 충원하고 그것을 토대로 정치, 교육 등 정치사회화를 추구했던 것과 같은 효과가 노사모의 경우에도 마찬가지로 나타날 수 있다는 점이다. 강정인 등(2002: 110)은 인터넷을 통한 동호회 활동이 네티즌의 의식변화에 영향을 줄 수 있다는 점을 주장하였는데, 이는 곧 인터넷 동호회가 참여자들의 정치사회화에 영향을 미칠 수 있다는 점을 밝힌 것이다. 유사하게 인터넷상의 집단 형성을 사회자본(social capital)과 관련하여 해석하려는 시도도 많이 나타나고 있다(예를 들면, 배영, 2002; 송경재, 2004). 따라서 노사모에서 행하는 동호회 활동은 기본적으로 집단 활동을 통한 교류와 재미라고 하는 연대적 유인의 속성을 갖는 것이지만 동시에 참여자들의 정치적 견해를 더욱 강화시켜 주고 또 이들 간의 상호신뢰를 높여 주는 기능도 동시에 하고 있는 셈이다. 물론 노사모의 경우에는 회원의 참여가 선행되고 동호회 활동이 뒤따른 것이지만 이런 활동을 통해 회원들의 공유하는 정치적 가치를 강화하는 데 도움이 된다는 점은 분명해 보인다.

사실 이러한 특성은 노사모 이외의 다른 팬클럽에서도 나타나는 일반적인 특성이라고 볼 수도 있다. 예컨대, 서태지와 아이들의 팬클럽을 예로 들어보면 처음에는 전국적으로 자생적이고 비조직적인 형태로 산재해 있었다. 1993년 기획사가 이러한 팬클럽을 한데 묶어 공식 팬클럽을 결성했으나 팬클럽 내에서 생성된 관계망에 대해서 커다란 관심을 두지 않아 실패로 끝나고 말았다. 즉 팬덤의 활동은 스타와의 관계 지속이라는 차원에서만 그 의미를 찾아볼 수 있는 것이 아니며 정체성이 공유되는 준거 커뮤니티로서 팬덤 간 네트워크를 창출하는 일도 대단히 중요하다(김현정 · 원용진, 2002: 266). 즉 노사모가 일종의 팬클럽이라고 해도 노무현이라는 '스타'와 팬들과의 관계만이 노사모의 모든 것이라고 설명하기는 어렵다는 것이다. 노사모 회원들 간의 네트워크의 형성과 상호 교류를 통한 정치적 정체감의 확인과 강화가 노사모의 유지와 활동에 대단히 중요한 영향을 미치게 되는 것이다. 이런 점에서 노사모를 통한 상호소통과 교류, 그리고 거기서 비롯되는 '놀이와 재미'라고 하는 연대적 유인은 회원간 정체성의 강화뿐만 아니라 참여 자체를 높이는 데 크게 기여한 것이다.

또 한편으로 정당의 연대적 유인과 노사모의 사례는 올슨(Olson, 1965: 50)이 이야기하는 '중간집단(intermediate groups)'을 떠올리게 한다. 올슨의 중간집단은 어떤 개별 구성원도 혼자서 공공재를 공급하려고 할 정도로 집단 형성으로부터 충분한 혜택을 받지도 않으며, 또한 집단에 참여하는 이들이 아주 많아서 내가 빠지더라도 공공재가 공급될 수 정도로 그 규모가 크지 않는 집단을 말한다. 올슨은 이런 중간집단이 공공재를 획득하기 위해서는 집단조정(group coordination)이나 조직(organization) 없이는 불가능할 것이라고 보았다. 다시 말해 연대적 유인, 즉 교류로부터 얻게 되는 재미, 즐거움과 정보획득이라는 공공재는 조직화되지 않으면 얻어질 수 없는 것이기 때문에 정당이 그러한 공공재를 공급해 주는 역할을 수행하였던 것이다. 노사모 역시 정치적 일체감뿐만 아니라 회원간 소통, 교류를 통한 연대적 유인을 공급해 주고 있는 셈이다.

노사모는 가장 많은 회원을 가졌을 때 그 수가 10만 명이 넘었지만 지역별, 동호회별로 나뉘면 그 규모는 연대적 유인을 얻을 수 있을 정도의 규모, 즉 올슨이 이야기하는 중간집단 정도로 축소된다. 온라인 내의 동호회뿐만 아니라 오프라인상에서 동호회나 지역별 '번개'와 같은 소집단 중심의 모임을 통해 연대적 유인을 생성해 내고 있는 셈이다. 송경재(2004: 199)는 사이버 공동체는 어느 수준이 되면 온라인과 오프라인 모임이 상호작용하지 않으면 발전에 한계가 있으며, 사이버 공동체가 활발하게 활동할수록 오프라인과의 연계성이 강화된다고 지적하였다. 노사모는 대표적으로 온라인과 오프라인상의 모임이 잘 결합되고 있는 사이버 공동체라고 할 수 있으며, 이러한 온라인－오프라인상의 모임이 상승작용을 일으키며 회원간 결속과 정체감의 강화에 영향을 미치고 있다고 할 수 있다.

그런데 정당활동에 대한 연대적 유인은 서구에서는 산업혁명 이후 농촌을 토대로 한 전통적인 연계가 끊어지고 도시로 사람들이 몰리면서 사회적 연계와 유대가 중시되었던 근대사회의 특성이었고, 또 한편으로는 개인적으로 즐길 수 있는 여가활동이나 레크리에이션의 수단이 마땅치 않던 시절에 활용된 동원 방식이었다. 따라서 웨어(Ware, 1996: 76)는 서구 정당의 연대적 유인의 효과는 서유럽에서 경제적 풍요가 이뤄졌던 1950년대가 되면 급속히 약화되어 버렸다고 지적하고 있다. 이런 점에서 볼 때 노사모 현상은 매우 흥미롭다. 한국 사회는 이미 산업화가 고도로 진행되었고 후기산업사회적 특성도 나타나고 있기 때문이다. 또한 개인들의 레크리에이션 역시 자동차나 TV, 영화관의 대중적 보급뿐만 아니라 인터넷을 통해 개인들이 얼마든지 스스로 여가를 보낼 수 있는 여러 가지 다양한 방법이 존재한다. 이런 상황에서도 연대적 유인이 여전히 영향을 미치고 있다는 것은 흥미로운 일이다.

노사모가 성공적으로 유지되고 확대될 수 있었던 까닭은, 노무현이라는 '스타'가 계속해서 관심의 중심에 놓여 있었기 때문이겠지만 그 외에도 비슷한 성향을 갖는 다른 회원들과 어울리면서 그 관계 속에서 재미와 흥미를 느낄 수 있었다는 점 역시 중요한 원인이라고 할 수 있다. 다시 말해 노사모 활동은 참여와 놀이가 함께 결합된 결과인 셈이다. 인터넷이라는 공간이 주는 손쉬운 참여와 시공간의 제약 없는 소통공간이라는 특성, 공감·동질감·정체성이라고 하는 팬클럽의 특성, 그리고 이렇게 만들어진 회원간 '관계' 속에서 온라인·오프라인상의 활동을 통해 얻게 되는 어울림·놀이·재미라고 하는 연대적 유인의 특성이 상호 결합된 결과이다. 다시 말해 정치집단이라고 해도 목적적 유인만으로 집단이 유지·발전되는 것은 아니며 연대적 유인을 통한 재미와 놀이라는 요인도 참여를 위한 매우 중요한 요인이 되는 것이다.

김용호(2004: 12-14)는 노사모가 과거의 연고주의적 가치관에 익숙한 기성세대와는 달리 개인주의적이고 자유주의적 성향을 보여주고 있으며, 그 회원들은 정치를 권력투쟁이라기보다 일종의 놀이(play)로 보는 경향이 강하다는 점을 지적했다. '놀이로서 정치'를 바라보는 시각이야말로 가수나 배우와 같은 대중매체의 스타들처럼 정치인 노무현을 바라볼 수 있게 한 것이라고 하겠다. 정치적 결집이었지만 놀이와 문화를 강조하는 노사모의 이러한 시각은 다음의 두 글에서도 유사하게 확인되고 있다.

> (노사모는) 정치와 '카니발적 문화'의 결합을 통해 퇴행적 정치문화를 개혁하고자 했다는 점이다. 노사모는 정치와 문화의 결합을 통해 정치축제를 만들어 낸 것이다. 노사모 회원들은 민주당의 국민경선에서 '감동과 참여' '자율과 재미'를 추구하였다. 그들은 '정치야 놀자~'라는 표현대로 경선장을 축제의 장으로, 선거를 축제로 치르고자 했다(정동규, 2004: 139).

> 노사모의 모임이 카니발적인 것은 틀림없는 사실이다. 이 아마추어 집단은 정치적 목적을 가지고 모였으되 경직되지 않았고, 경선을 머리로 싸우는 정치적 행사로 대하는 것이 아니라 몸이 즐거운 축제로 바꿔 놓고 있기 때문이다. 경선이 열리는 도시를 옮겨 다니며 자신들이 좋아하는 정치인을 소리 높여 지지하고, 그것도 모자라 밤새도록 먹고 마시고 또 웃고 토론하며 주말을 그렇게 보내 왔던 것이다. 이는 영락없이 카니발이다. 세상의 기존 질서가 상징적으로나마 전도(顚倒)되고 있기 때문이다(조흡, 2002: 212).

이처럼 노사모는 노무현이 상징하는 정치개혁의 명분에 공감하는 이들의 모임이라는 대외적으로 '딱딱하고 건조한' 이미지와는 달리, 내부적으로는 노무현이라는 '스타'를 중심으로 한 팬클럽이라는 구성상의 감성적 요인과 '재미와 놀이'라는 조직 운영상의 감성적 특성을 함께 갖고 있었던 것이다.

3. 패러디

패러디(parody)는 원래 '문학에서 특정 작품의 소재나 작가의 문체를 흉내 내어 그것을 풍자적으로 혹은 익살스럽게 표현하는 수법 혹은 그런 작품'(네이버 국어사전)을 일컫는 말이다. 그러나 요즘에는 문학 이외에도 영화, 만화, 음악, 광고 등 다양한 형식으로 표현되고 있으며, 최근 들어서는 인터넷을 통해 다양한 패러디물이 만들어지고 있다. 인터넷이 그래픽, 사진, 동영상 등 시각적인 콘텐츠를 자유자재로 편집하고 변형할 수 있는 기능을 가진 시청각매체라는 점에서 패러디는 인터넷에서 보다 활발하게 만들어지고 있다.

인터넷상에서 볼 수 있는 정치적인 패러디는 기본적으로 신문에서 볼 수 있는 만평과 별다른 차이가 없다. 정치 현상에 대해 풍자적이고 익살스럽게 느낌을 표현하는 것이지만 인터넷이라는 매체의 특성상 다양한 형식과 풍부한 내용을 보다 손쉽게 담을 수 있다는 점에서 '폭발적이라고 할 만큼' 매우 커다란 인기를 끌고 있다. 대선, 탄핵, 총선 등을 정치적으로 커다란 변화의 시기를 거치면서 쟁점이 되는 정치인의 사진을 영화 포스터에 합성하거나 만화처럼 내용을 꾸미는 등 다양한 형태로 패러디가 정치적인 의사를 표출하는 새로운 수단이 되고 있다. 이외에도 북핵, FTA, 독도문제 등 정치적으로 관심을 끄는 이슈마다 매우 다양한 형태로 패러디가 만들어져 확산되었다. 패러디가 이처럼 정치적 사건이 있을 때마다 활발하게 이용되는 것은 무엇보다 '재미있기' 때문이다. 다시 말해 패러디는 표현의 형식이 심오하고 진지한 것이 아니라 풍자와 해학, 거기서 비롯되는 재미를 수반한 저항적 의사표현 수단이라는 점에서 정치적 사안과 잘 어울리는 표현 방식이다.

인터넷 공간상의 패러디는 딴지일보(www.ddanji.com)가 선구적인 역할을 했다. 딴지일보는 우리나라에서 가장 영향력이 큰 언론매체 가운데 하나인 조선일보를 패러디한 것으로 주류 언론에 대한 풍자와 비판을 던진 것이다. 딴지일보의 패러디 소재는 정치와 성(性)의 문제였는데, 풍자적 합성사진과 저속한 말투를 곁들여 패러디 붐을 불러일으켰다. 이러한 방식은 기존 저널리즘의 형식을 파괴하면서 독자들에게 재미와 함께 권력과 금기에 대한 도발과 전복의 카타르시스를 제공하였고, 이는 곧 폭로와 저항의 문화를 네티즌들로부터 폭넓게 이끌어 냄으로써 참여의 장을 넓힐 수 있는 매우 효과적인 대안매체 전략으로서 가능성을 인정받았다(장우영, 2004: 111; 민경배, 2001).

출처: http://forum.chosun.com/bbs.message.view.screen?bbs_id=101100&message_id=252743 (검색일 2007. 2. 10).

〈그림 6-2〉 노무현 정부의 대북정책에 대한 보수층의 불만을 표현한 정치 패러디의 예

이후 라이브이즈(www.liveis.com), 디시인사이드(www.dcinside.com), 미디어몹(www.mediamob.co.kr) 등의 웹사이트를 통해 패러디물의 활용이 폭발적으로 늘어났다. 딴지일보가 텍스트 중심의 패러디였다면 이후 라이브이즈나 미디어몹, 디시인사이드 등 활발하게 전개된 것은 이미지 중심의 패러디였으며, 최근에는 동영상 중심의 패러디로까지 발전해 오고 있는 양상이다.[6] 표현 형식뿐만 아니라 내용도 점차 보다 다채롭고 자극적이 되었다. 인터넷상에서 패러디가

6) 미국 대선 운동 과정에서 민주당 힐러리 클린턴 상원의원을 조지 오웰의 소설 『1984년』의 빅브라더(Big Brother)로 묘사한 동영상 패러디가 유튜브에 올려져 큰 관심을 끌기도 했다. 우리나라뿐만 아니라 미국에서도 인터넷상의 패러디는 매우 일반적인 현상이 되었다.

각광을 받고 있는 것은 네티즌들이 패러디라는 재미있는 표현물의 소비자이면서도 동시에 쉽게 생산자가 되어 직접 만들어 올리고 다른 사람들의 평가도 받는 놀이가 되기 때문이다. 내용상 권위에 대한 저항이 담겨져 있고, 재미도 느낄 수 있으면서 제작자로 참여하기도 쉽다는 것이 정치 패러디의 특성인 것이다. 정치 패러디는 주요 정치인이나 정당을 대상으로 하는 것이 대부분인데 정치를 희화화한다는 비판도 가능하겠지만 오히려 재미로 인해 정치에 관심을 갖게 하고 정치현상을 재해석하게 해 주는 기능을 한다고 볼 수도 있다. 이러한 정치 패러디의 특성은 다음 글에서 잘 확인할 수 있다.

> 사실 나는 요즘 매일매일 '재밌는 정치'를 보는 재미에 산다. 원래 우리나라 정치가 웃기고 재밌기도 하거니와, 그러한 '재밌는 정치현실'을 잘 담아낸 인터넷 패러디물들을 보는 재미에 산다는 것이다. …처음에 나는 탄핵 반대의 이유를 분명히 몰랐는데 우리 커뮤니티 게시판에서 무수히 쏟아지는 포스터 형식의 탄핵패러디 자체가 탄핵 반대논리를 압축적으로 잘 전달하고 있어서 이해하기 쉬웠다. …그 이외에도 탄핵반대 카툰이나 탄핵반대 동영상과 애니메이션 등도 신문이나 텔레비전 뉴스보다도 더 재밌고 정치를 더 쉽게 이해해 주는 측면이 있는 것 같다(이원태, 2004: 105. 인터뷰 내용 재인용).

정당이나 정치인이 패러디의 대상이 되고 있지만 역으로 정치권도 이러한 특성을 최대한 활용하려는 모습도 나타나고 있다. 2002년 대통령 선거에서 인터넷의 정치적 활용에 실패했다고 자성했던 한나라당은 2004년 17대 총선을 앞두고는 '신나는 선거, 재밌는 정치'라는 구호와 함께 패러디 사이트 'OK조은나라(www.okjoeun-nara.com)'를 개설하여 젊은 유권자의 참여를 유도하기도 했다. 열린우리당은 뮤직비디오, 플래시 앤 만평, 디카 & 폰카 코너 등을 마련하여 참여를 유도했는데(정동규, 2004: 141-3) 이 모두 재미와 놀이를 전제로 한 정치참여를 의도한 것들이라고 할 수 있다.

중앙선거관리위원회에서도 패러디를 선거참여와 관련하여 활용하였다. 2004년 17대 총선과정에서 젊은 유권자의 선거참여를 권유하기 위해 중앙선관위는 패러디물을 인터넷상에 공모했는데 실제로 2004년 17대 총선 기간 동안 정부기관과 정당 사이트 방문자 가운데 유독 중앙선관위 사이트 방문객 수가 크게 늘어났다.

> 선관위 사이트의 페이지뷰가 3월 말에서 4월 초에 이르기까지 폭발적으로 높아진 데에는 선관위가 젊은 네티즌들의 투표참여를 유도하기 위해 소위 '투표참여 패러디'를 공모하여 여기에 많은 네티즌들이 직접 패러디를 만들어 참여하거나 수시로 공모되는 패러디물을 보기 위해서 네티즌들이 사이트에 몰렸기 때문이다. 또한 중앙선관위 사이트는 인터넷 네트워크의 놀라운 정보 파급력을 최대한 활용하기 위해 이른바 '엽기투표송'을 제작, 온라인상에 널리 배포하고 이를 선관위 사이트 방문과 연계시켰는데 이 또한 네티즌들의 선관위 사이트 이용을 높이는 요인으로 작용한 것으로 보인다(이원태, 2004: 73).

이처럼 정당이나 정치인, 국가기관에서도 패러디의 확산과 그 영향력에 주목하여 만들어 홍보수단으로 활용하고자 하고 있다. 그러나 패러디라는 것이 근본적으로 권위에 대한 조롱과 풍자라는 속성을 담고 있다는 점을 고려한다면 제도권 기관에서 의도를 갖고 활용하려는 정치 패러디의 효과는 사실상 한계가 존재한다고 할 수 있다.

그런데 인터넷상에서 큰 인기를 얻고 있는 정치 패러디는 인터넷을 통한 정치참여 행위가 감성과 이미지가 중시된다는 특성을 보여 주는 또 다른 좋은 증거가 되고 있다. 그런 만큼 시각적인 측면이 강조되고 자극적인 형태를 더욱 선호할 수 있다. 이런 이유로 성찰적이거나 진지함이 결여되고, 즉각적이고 감각적인 재미만을 추구하려 한다는 비판도 가능할 것이다. 더욱이 정치를 희화화하는 경향이 강하기 때문에 정치에 대한 불신이나 냉소주의를 부추긴다는 점도 문제점으로 지적될 수 있다.

그러나 동시에 정치 패러디는 기존 정치의 권위주의, 형식주의, 엄숙주의에 대한 도전이며 손쉽게 정치를 이해하고 다가서게 해준다는 점에서 긍정적인 면이 있다. 어떤 면에서 본다면 문화적인 형태로 정치를 이해하려 한다는 점에서 전통적인 방식과는 다른 형태로 정치에 다가서는 새로운 접근법이라고 볼 수 있다.

> 인터넷을 적극적으로 활용하는 젊은 네티즌들을 '탈정치화된 문화세대'로 규정하기보다는 '정치를 문화적으로 수용하는 세대'라고 볼 필요가 있다. 이처럼 젊은 세대 집단에서 나타나는 '정치의 문화화' 현상은 정치를 더 이상 국가의 영역에 국한시키거나 의회나 정당의 전유물이 될 수 없는 정치변동의 가능성을 내포하는 것이기도 하다(유석진 외, 2005: 164-165).

그런데 2004년 10월 20일 라이브이즈 김태일 대표는 패러디 관련 선고 공판에서 징역 10월에 집행유예 2년을 선고받았다. 선고 이유는 '선거법상의 사전선거운동 금지 위반'이다. 라이브이즈닷컴에 특정 정당을 노골적으로 비난, 반대하는 내용이 포함된 노래와 가사, 글 등을 게시하고 허위사실을 유포시켰다는 혐의다. 이는 규제 일변도의 우리나라 선거법이 새로운 형태의 정치참여의 의미와 속성을 제대로 이해하지 못한 데서 비롯된 결과로 보인다.

그러나 이와 같은 정치 패러디는 매체의 특성과 시대적 흐름을 고려할 때 막기 어려운 추세가 된 것으로 보인다. 앞서 지적한 대로 표현 방식도 그림, 사진에서 동영상까지 점차 다양화되고 있다.

가장 중요한 원인은 무엇보다 인터넷이라는 매체로 인한 감성적 정치, 놀이와 결합된 정치라는 특성을 패러디가 가장 잘 보여 주고 있기 때문이다.

4. 소 결

이처럼 인터넷을 통한 정치참여는 감성적인 속성이 강하게 나타난다. 이는 시각적이고 순간적이고 감각적이라는 인터넷의 매체적 특성뿐만 아니라 재미와 놀이의 공간으로 인터넷을 활용하는 네티즌들의 행태적 특성과도 관련되어 있다고 할 수 있다. 정치에 대한 접근방식이 과거와는 달리 '일상적이고 가볍고 문화적인' 형태로 변모한 것이다. 그동안 지나친 엄숙주의, 권위적 문화로 인해 정치에 거리감을 느끼게 했고 그 때문에 자발적으로 정치에 참여하는 사람들도 거의 없었다.

그러나 인터넷을 통한 정치참여는 참여의 비용이 들지 않는다는 점 이외에도 탈권위, 탈엄숙주의, 탈형식주의라는 특성으로 인해 정치에 대한 거리감, 거부감을 줄여 주는 긍정적 기능을 제공해 주고 있다고 할 수 있다. 이 장에서 살펴본 대로 싸이월드 미니홈피를 통한 정치인과의 관계 형성이나 정치인 팬클럽의 회원으로 가입하는 것, 혹은 정치에 대한 풍자적 해석을 하는 것 모두 정치참여의 행동이지만 이런 방식으로 정치참여를 하는 사람들은 오프라인상에서 정당에 가입하거나 특정 정치인의 후원회에 참여할 때 느낄 수 있는 부담감을 느끼지 않은 채 이런 행동을 하고 있다. 적지 않은 수의 사람들은 아마 자신의 이러한 행위가 정치참여라고 인식조차 하지 못하고 있을지도 모른다. 그만큼 인터넷 공간에서는 정치와 일상생활 간의 거리감도 줄어드는 것이다.

그러나 인터넷에서 나타나는 감성적 정치에는 동시에 적지 않은 우려도 존재한다. 인터넷상에서 관심을 받고 지지를 이끌어 내기 위해서는 감성을 자극하는 것이 중요하기 때문이다. 그 때문에 인기를 끌기 위한 무책임한 포퓰리즘이 성행할 가능성도 있다. '아군과 적군'을 구별하게 하는 분열적 이슈나 혹은 민족주의와 같은 예민한 감성적 이슈를 내던짐으로써 인터넷 공간 내의 정치참여를 활성화시키고 이를 자신에 대한 지지로 연결시키려는 유혹을 정치인들은 가질 수 있는 것이다. 특히 우리나라처럼 정당정치의 제도화 수준이 미약한 상황에서는 개별 정치인의 정치적 야망을 실현시키기 위한 방안으로 인터넷의 이러한 특성이 활용될 수 있는 가능성은 얼마든지 존재한다는 점은 유의해야 할 부분이다.

제 7 장

정당체계의 유동성과 대안적 매체를 통한 참여

제 7 장 정당체계의 유동성과 대안적 매체를 통한 참여

지금까지 인터넷이 정당정치에 미치는 영향을 여러 가지 측면에서 살펴보았지만 정당(그리고 정치인들) 역시 인터넷의 장점을 최대한 활용하기 위한 노력을 적극적으로 기울이고 있다. 그러나 인터넷은 이와 같은 개별적인 정치적 행위자의 수준을 넘어 정당체계 전반에도 영향을 미치고 있다. 무엇보다 인터넷의 등장으로 정치적 결사체를 조직하는 비용이나 부담이 이전에 비해서 크게 낮아졌고 과거에 표출되기 어려웠던 새로운 정치적 요구도 쉽게 지지자를 규합할 수 있는 상황으로 변모했다. 이처럼 새로운 정치적 결사체의 등장이 용이해지면서 온라인을 기반으로 하는 새로운 정당의 출현 가능성과 그로 인한 정당체계의 변화도 예상할 수 있게 되었다. 이 장에서는 정보화의 발전을 도구적으로 수용하려는 개별 정당을 중심으로 한 정치적 변화가 아니라, 정보화로 인해 예상치 않게 수반되는 정당체계 전반에 대한 변화의 가능성에 대해 논의하고자 한다.

이 장에서는 크게 두 가지의 변화 가능성에 주목하고 있다. 첫 번째로는 정보화는 경쟁력 있는 신생정당의 출현을 용이하게 하는가 하는 점이다. 정보화로 인해 정당이나 정치적 결사체의 형성이 사이버 공동체 내에서 매우 '저렴하게' 이뤄질 수 있기 때문에 과거처럼 오프라인을 중심으로 이뤄지던 창당 작업에 비해 상대적으로 쉽게 새로운 정당이 출현할 수 있는 가능성이 높아졌다. 이러한 신생정당이 선거를 통해 유권자의 지지를 얻어낼 수 있게 된다면 기존 정당체계를 변화시킬 수 있는 가능성은 높아지게 된다.

두 번째로 주목하는 점은 기존의 정당을 우회하여 정치적 결정 과정에 인터넷을 통해 시민사회와 국가가 직접 연결될 가능성이다. 전통적으로 이익집약과 이익표출의 제도적 채널링의 역할을 담당해 온 정당의 기능을 대신하여 인터넷이 시민사회와 국가를 직접 연결하는 새로운 커뮤니케이션의 연계수단으로 부상하면서 기존 정당의 기능이 크게 약화될 가능성도 존재한다. 이는 인터넷을 통한 직접민주주의의 실현에 대한 논의와도 관계되는 것이며 이런 가능성이 높아진다면 그만큼 정당을 중심으로 하는 기존의 대의민주주의 체제 역시 결과적으로 약화될 수 있을 것이다.

1. 대안적 매체를 통한 참여의 두 가지 사례: 노사모와 개혁당

2002년 대통령 선거운동 과정을 기점으로 해서 한국 정치에서 인터넷은 중요한 정치적 커뮤니케이션의 수단으로 등장했다. 무엇보다 주목을 끈 것은 인터넷을 통한 대규모 정치집단의 등장이다. 앞서 놀이와 감성의 정치를 논의하면서 노사모를 예로 들었지만, 인터넷을 통해 형성된 가장 대표적인 집단 역시 노사모라고 할 수 있다. 노사모는 여러 가지 점에서 매우 흥미로운 특성을 지니고 있다. 노사모는 온라인에 기반을 두고 형성된 성공적인 정치집단이며 우리나라에서는 드물게도 자발적인 참여를 통해 형성된 정치적 결사체의 속성을 지니고 있다. 앞 장에서 살펴본 대로 노사모는 기본적으로는 노무현이라는 정치인의 팬클럽으로부터 출발하였고 지금도 그러한 팬덤의 속성을 유지하고 있지만, 그 구성원들이 공동으로 지니는 정치적 정체감이 비교적 분명하고 회원의 구성도 연령적으로 이념적 동질성이 강하다는 소위 '386세대'가 주축을 이루고 있다(강원택, 2003a: 279-282)

그런데 노사모는 팬클럽으로 시작되었지만 기능적으로 본다면 기존의 정당들이 수행하는 것과 매우 유사한 역할을 수행하였고, 조직적으로도 실제 정당과 매우 유사한 특성도 발견된다(강원택, 2004: 167). 김용호(2004: 76-77)는 노사모가 집단 형성의 초기 단계에는 정치성이 강한 동호회(social club)의 속성을 지니고 있었으나 대선 후보 선출 과정에서는 대규모의 정치적 결사체(political association)로 변모하였고, 대선 운동 과정에서는 노무현 후보의 선거머신(electoral machine)으로 기능하였고 노무현 대통령의 당선 후에는 시민운동형 정치단체(political group for civic engagement)의 특성을 지니고 있다고 분석했다. 노사모가 세인의 주목을 받게 된 원인도 이처럼 2002년 대선 과정에서 노무현을 새천년민주당의 공식 후보로 만들고 연말 대선에서 당선되는 데 매우 큰 기여를 하였다는 점일 것이다. 실제로 노사모는 새천년민주당 국민참여경선에 유권자 40만 명, 즉 참여한 일반 유권자 190만 명 중 21%를 동원하였다고 주장한다(노사모, 2002: 21). 그런데 정당조직이 아닌 인터넷 공간상에 자생적으로 생겨난 정치인의 팬클럽이 무려 40만 명 규모의 유권자를 동원해 낼 수 있고 선거운동 기간 동안 효과적인 선거머신으로 작용했다고 하는 사실은 인터넷이 출현하기 이전에는 상상하기 어려운 일이다. 노사모의 회원 수는 2002년 5월경 4만 5천여 명 정도였는데, 참여의 자발성을 고려할 때 회원 규모가 결코 작다고 할 수 없지만, 이 정도의 회원만으로도 40만 명에 달하는 지지자들을 이끌어 낼 수 있었다는 사실은 매우 놀랍다. 이처럼 대선 과정에서 노사모가 효과적인 선거머신으로 기능할 수 있었던 것은 인터넷이라는 매체의 효과를 극대화할 수 있었기 때문일 것이다.

이와 같은 노사모의 성공 사례는 기존의 정당조직을 우회하여 인터넷 공간상에 자발적으로 형성된 정치집단이 정치 과정, 특히 선거운동 과정에서 매우 효과적으로 기능할 수 있으며 정치적으로 커다란 영향력을 행사할 수 있다는 사실을 잘 보여 주고 있다. 온라인상에서 구성된 정치집단이 오프라인을 오가면서 강력한 정치집단으로 부상하였고 과거 정당이 해오던 역할과 기능을 수행하였다는 점에서 노사모는 정보화의 진전에 따라 새로운 정치세력의 출현이 과거에 비해 용이해졌다는 사실도 확인시켜 주고 있다. 즉 기존의 '전통적인' 정치 과정에서는 정당이 정치적 이익 결집의 기능을 독점해 왔다면, 인터넷의 보급과 발전은 정당이 아니더라도 인터넷 공간상에서 효율적으로 조직되고 활동하는 정치집단이 그 기능을 성공적으로 대신할 수 있게 된 것이다. 노사모는 노무현의 대선 승리 후 정치세력화를 거부하고 팬클럽의 속성을 유지하고 있으며, 보다 적극적으로 정치세력화를 원하는 회원들은 국민참여연대(이하 국참연)라는 별도의 조직을 통해 사실상 열린우리당으로 편입되었다.

노사모와 함께 주목할 만한 또 다른 사례는 개혁국민정당(이하 개혁당)이다. 노사모가 정치인의 팬클럽이라는 특성이 있다면 개혁당은 인터넷을 기반으로 하는 새로운 정당이라는 점에서 적지 않은 차이를 갖는다. 정당을 표방한 만큼 노사모에 비해 보다 본격적인 정치 결사체라고 할 수 있기 때문이다. 개혁당은 반부패, 국민통합, 참여민주주의, 인터넷을 기반으로 하는 정당이라는 기치를 내걸고 2002년 대통령 선거 직전 창당되었다. 2002년 8월 30일 시사평론가였던 유시민이 당시 지지도 하락 등으로 어려움을 겪던 노무현 후보를 지지하는 정당을 만들자는 제안을 하면서 개혁당의 창당 작업이 시작되었다. 개혁당은 발기인 모집을 시작한 지 3주도 채 안 돼 2만 1천 명을 넘어서면서 당시 민주노동당의 당원 수를 단숨에 뛰어넘었고, 2002년 11월 16일 거행된 창당대회 때는 참여자가 3만 2천 명을 넘어설 정도로 커다란 성원을 받았다.[1] 이와 같이 창당을 전후한 당원들의 참여규모로 볼 때 개혁당은 매우 성공적으로 정치권에 등장하였다고 평가할 수 있다. 창당 이듬해인 2003년 4월 보궐선거에 유시민 후보가 개혁당 공천으로 출마해서 당선되었는데, 이는 인터넷을 통한 생성된 신생 정당이 의회 의석을 차지하는 데 성공하였다는 점에서 주목할 만한 일이었다. 그러나 이후 얼마 지나지 않아 개혁당은 열린우리당의 창당에 참여하기로 하면서 해산되어 버렸다.

개혁당은 이처럼 매우 짧은 기간 동안 존속하였기 때문에 그들의 활동에 대한 어떤 평가를 내리기는 어렵다고도 할 수 있지만, 몇 가지 점에서 개혁당은 정당정치와 관련하여 주목할 만한 특성을 지니고 있다. 첫째, 개혁당은 인터넷을 기반으로 하는 정당이었다는 점이다. 인터넷을 기반으로 정당 활동을 도모하려는 움직임이 개혁당의 경우가 유일한 것은 아니지만 개혁당이 가장 성공적으로 인터넷을 통해 정당 활동을 수행한 경우일 것이다. 개혁당의 당헌 제2조 제1항은 "우리 당은 국민통합, 부패청산, 참여민주주의, 인터넷 기반 정당정치의 실현을 4대 원칙으로 삼아…"로 되어 있다. 인터넷을 통한 참여민주주의의 실현이 강조되고 있다. 당원의 가입이나 당원의 활동 및 당의 주요한 결정과 같은 개혁당의 주요 활동은 모두 온라인을 중심으로 이뤄졌다. 즉 인터넷이라는 소통매체가 정당 결성에 결정적인 역할을 했으며 중요한 결정이나 당내 토론 역시 인터넷을 매개로 행해졌다. 예를 들어 당명의 결정부터

1) http://www.jabo.co.kr/sub_read.html?uid=8514&section=section1(검색일 2005. 3. 20).

지구당위원장과 중앙당 지도부 선출, 노무현 후보 지지결의 모두 인터넷을 통해 이뤄졌다. 개혁당의 당 해산과 열린우리당 개별 입당에 대한 결정 역시 인터넷을 통해 결정했다. 개혁당은 2003년 10월 27일부터 닷새간 당 인터넷 홈페이지와 핸드폰 및 ARS(자동응답전화)를 통해 열린우리당 창당에 대한 참여 여부에 대해 전 당원이 참여하는 '온라인' 투표를 실시하였는데, 이 투표에 당원 7,264명 가운데 70% 정도인 5,081명이 참여했다. 투표 결과는 찬성이 3,962표(78%)였고 반대가 955표(19%)로 신당 참여가 가결되었다.[2)]

개혁당은 온라인을 통한 정치집단 활동이라는 점에서 노사모와 비슷하다고 할 수 있지만, 노사모가 앞장에서 지적한 대로 '놀이와 재미 같은 연대적 유인'을 제공하는 '인기인의 팬클럽'적인 속성을 지녔다면, 개혁당은 처음부터 '보다 심각한' 조직 형태인 정당을 표방하면서도 온라인을 통해 적지 않은 수의 참여자들을 이끌어 냈다는 점에서 주목할 만하다.

둘째, 개혁당의 결성은 정당의 출현이 대중적인 지지를 얻고 있는 '명망가나 직업 정치인' 없이도 정당이 만들어졌다고 하는 점에서 흥미를 끈다. 과거 우리나라 정당이 정치지도자를 중심으로 결성되고 그 지도자의 정치적 부침에 따라 당의 명운이 결정되었던 것과는 다른 형태이기 때문이다. 노사모만 하더라도 노무현이라는 유명 정치인의 존재를 중심으로 결성된 집단이지만, 개혁당의 경우에는 널리 알려진 중심적 인물이 존재하지 않는다. 시사평론가이던 유시민이 개혁당 창당에 큰 역할을 하긴 했지만, 유시민의 존재가 개혁당에 대한 참여의 궁극적 원인이었다고 보기는 어렵다. 개혁당의 참여자들은 개혁당을 '고래를 삼킨 새우' '개미들의 유쾌한 정

---

2) http://www.chosun.com/w21data/html/news/200310/200310310254.html(검색일 2005. 3. 20).

치반란'으로 불렸는데[3] 이 표현 속에는 시민사회 내의 자발성과 기득권 정치세력에 대한 도전이라는 의미를 동시에 내포하고 있는 것으로 보인다. 즉 개혁당의 사례는 전국적인 지명도를 갖는 정치 지도자가 부재하더라도 정치적으로 유사한 이념이나 견해를 갖는 '평범한 시민들'이 온라인 공간에서 정당이라는 정치적 결사체를 성공적으로 형성할 수 있는 가능성을 보여 주었다.

개혁당은 단명했지만 기존의 정당들과는 근본적으로 다른 특성을 지닌 정치조직으로서의 모습을 보여 주었다. 개혁당은 처음부터 인터넷 정당으로 출발하였고 뚜렷한 '스타' 없이 정치적 명분에 의해 규합되었다는 점에서 인터넷 시대에 가능한 새로운 정당정치의 특성을 보여 주고 있다. 과거처럼 오프라인상에 많은 돈을 들여 지구당을 건설하고 거대한 중앙당을 유지해야 했던 것과 비교하면 매우 '저렴하고 쉽게' 정당이 형성될 수 있다는 사실을 개혁당의 실험은 입증해 준다. 즉 개혁당의 성공적인 규합은 정당정치에 참여하는 진입장벽이 정보화의 진전과 함께 매우 낮아졌다는 점을 보여 주며 사회적 공감을 끌어낼 수 있는 적절한 명분이 존재하고 유리한 정치적 상황이 만들어지게 된다면 새로운 정당의 출현이 쉽게 이뤄질 수 있다는 사실을 입증해 준 것이다.

2. 노사모와 개혁당 경험에 대한 평가

노사모와 개혁당의 사례는 정보화의 진전으로 새로운 정당의 출현이 손쉬워지고 또한 정당을 대신하는 새로운 집단의 출현을 가

3) http://www.jabo.co.kr/sub_read.html?uid=8514&section=section1(검색일 2005. 3. 21).

능하게 함으로써 정당체계의 유동성을 높일 수 있다는 사실을 경험적으로 제시하고 있다. 그런 점에서 정보화의 진전이 기존 정당을 약화시키고 새로운 정치과정의 형태로 나아가게 할 것이라는 시각을 지지해 주는 사례로 볼 수 있다. 그러나 이들의 경험으로부터 그러한 결론을 도출하는 것은 너무도 단순하고 일방적인 것이 될 수 있다. 그러한 변화의 가능성이 제시되고 있는 것은 사실이지만 좀더 조심스럽게 평가해야 하는 부분이 있다. 이들의 경험을 통해 확인할 수 있는 정당체계에 미치는 또 다른 특성을 세 가지로 나누어 살펴보기로 한다.

첫 번째는 이들의 경험은 인터넷을 통해 결집되는 정치적 결사체가 기존 오프라인을 중심으로 기존에 존재해 온 확립된 정치집단이나 정당을 대체하는 형태는 아니라는 점을 말해 주고 있다. 다시 말해 온라인을 통한 결사체, 혹은 정당이 성공적으로 형성되더라도 기존의 정당들이 갖는 기득권, 혹은 기존에 그들이 장악해 온 이슈의 선점은 쉽게 약화되지 않는다는 것이다. 예컨대 그동안 사회주의 정당이 복지 문제에 대해, 보수주의 정당이 종교나 가족, 혹은 규범적 이슈에 대한 정치적 어젠다를 장악해 왔다면 온라인 공간에서 생성된 새로운 정당 혹은 정치집단이 기존 정당이 선점한 이러한 이슈를 '쟁취'하기는 쉽지 않아 보인다. 오히려 온라인 상에서 형성된 정치적 결사체는 기존 정치권에서 제대로 대표되고 있지 못한 정치적 이해관계를 추구하고 있다는 특성이 보다 분명해 보인다.

모든 정치 이슈가 다 사이버 공간상에서 성공적으로 정치집단으로 전환될 수는 없다. 기존의 언론사에서 제대로 보도하지 않거나 외면했던 뉴스와 평론 영역의 존재가 오마이뉴스와 같은 대안언론으로 이끈 원인이었듯이, 기존 정당정치가 제대로 기능하지 못하는 영역에 한정해서 인터넷이 효율적인 대안 공간을 제시해 주는 것이다. 오프라인에서 활동하던 정당이나 정치단체, 혹은 시민단체가 활동의 효과성과 파급성을 높이기 위해 온라인에서 별도의 모임을 개설하는 경우와 별개로, 온라인을 토대로 형성되고 활동하는 정치적 집단 가운데 비교적 성공적으로 운영되고 있는 집단들은 기본적으로 기존의 오프라인 정치권 혹은 현재 의석을 차지한 정당에 불만을 갖거나 새로운 가치를 추구하는 이들의 결합이라는 특성을 갖는다. 즉 기본적으로 인터넷 공간상에 형성되는 정치집단은 기존 정치권에서 대표되지 못한 소외되거나 새로운 가치를 중심으로 한 일종의 '틈새시장(niche market)'적인 속성을 갖는다. 앞에서 살펴본 노사모나 개혁당 역시 지역주의를 중심으로 한 정당구조가 민주화 이후 계속 한국 정치와 선거를 지배해 온 데 대한 불만과 변화의 욕구를 반영한 것이라고 할 수 있다. 노사모는 당시 지역주의적 정당체계에 불만을 갖던 이들이 지역주의에 저항하는 정치인으로의 이미지를 가졌던 노무현을 중심으로 결집한 것으로, '왜곡된 지역감정의 극복'이 중요한 집단의 정체성을 형성하고 있다(강원택, 2004: 172-173). 개혁당 역시 당 강령에서 "폐쇄적 정치를 극복"하고 "1인 지배와 계파정치, 부패정치, 밀실정치를 종식"하고 "남북간 민족분열, 지역간 정치분열, 노사간 계층분열, 그리고 중앙과 지방의 권력분열"을 해소하려는 목적을 지닌다고 밝히고 있다.[4]

이러한 인터넷을 통한 새로운 대안 세력의 출현은 특히 시기적으로 기존 정당정치에 대한 변화의 욕구가 큰 시점, 즉 기존 정당으로부터의 이탈(dealignment)이나 새로운 형태로 정당 지지의 재편(realignment)이 일어나는 시기에 큰 영향력을 행사할 수 있다. 노사모의 출현이나 개혁당의 등장이 3김의 정치적 퇴장 직후, 지역

4) http://64.233.187.104/search?q=cache:ZTcNw45LpkkJ:www.kppr.or.kr/aboutrule.asp++site:www.kppr.or.kr+%EA%B0%9C%ED%98%81%EB%8B%B9+%EA%B0%95%EB%A0%B9&hl=ko%20target=nw(검색일 2005. 3. 22).

주의의 변화 가능성이 높던 시점에 이뤄졌다는 사실에 주목할 필요가 있다.

다만 과거에는 이러한 대안적 정치세력의 출현을 위한 '비용'이 대단히 높았다면 이제는 정보화로 인해 그러한 정치세력 혹은 정당의 설립비용이 매우 낮아졌기 때문에 외부적 정치환경의 변화에 대한 시민사회의 반응의 속도나 대응이 매우 효율적이고 즉각적으로 나타날 가능성이 높아지게 되었다. 그런 점에서 또 다른 한편으로는 이러한 온라인 정치집단의 출현 가능성은 항시적으로 기존 정치권이 대표하지 못하는 정치 이슈나 어젠다에 대한 대안정치집단의 형성이 시민사회 내에서 자발성을 기초로 이뤄질 수 있는 가능성이 상존한다는 점에서 정당정치의 반응성(responsiveness)을 강화하고 우리나라의 대의민주주의가 대표할 수 있는 이념적·정책적 공간을 확대해 줄 수 있다는 점에서 긍정적으로 평가해 볼 수 있다.

두 번째 특성은 인터넷 정치집단에 참여하는 이들의 정체성에 대한 것이다. 기존의 정당정치에 불만이 폭넓게 존재한다고 해도, 이를 구체적인 행동으로 옮기고 새로운 정치집단에 적극적으로 참여하는 일은 누구에게나 가능한 일은 아니다. 온라인상에서 적극적으로 참여할 뿐만 아니라 때로는 오프라인에서 이뤄지는 회합에도 적극적으로 참여하는 경우라면 참여의 비용도 적지 않다. 따라서 단순한 의견 개진이나 사이버 회원의 가입 수준을 넘어서 보다 적극적인 참여를 염두에 둔다면, 이들 집단은 비교적 분명한 이념적 정체성을 갖고 있고 변화에 대한 갈망도 매우 큰 이들이라고 할 수 있다. 다시 말해 이들은 '협소하고 분명하게' 정의될 수 있는 이념적 정치적 정체성을 갖고 있으며 그만큼 정치적으로나 이념적으로 매우 동질적인 집단인 셈이다. 개혁당은 말할 것도 없고, 정치인의 팬클럽이라는 노사모 역시 참여자들이 공유하는 비교적 분명한 정치적 목표가 존재했다. 그런 점에서 볼 때 노사모나 개혁당의 참여자들은 서구 정당에서 나타나는 이념적으로 무장된 당의 활동가(party activist)와 비슷한 속성을 지닌다고 볼 수 있다.

그런데 인터넷 공간에서 이뤄지는 집단형성이나 토론의 형태를 보면, 매우 배타적이고 편 가르기가 분명한 특성을 나타낸다. 인터넷상의 동아리/동호회 활동이 참여자에 대한 정치사회화의 기능을 함으로써 참여자간의 동질성을 높여 주는 효과를 낳기도 하지만(강정인 · 이현우 · 이원태, 2002), 역으로 비교적 동질적인 참여자들만이 인터넷상의 특정 사이트나 특정 정치집단에 실질적으로 참여가 가능할 수 있도록 집단의 특성 자체가 폐쇄적이고 배타적일 수도 있다. 인터넷상의 활동은 자신이 기존에 지니고 있던 생각과 다른 견해를 수용하기보다는 자신의 생각을 확인해 주고 강화시켜 주는 이념적 정파적 견해를 수용하는 경향이 강하게 나타나기 때문이다(Davis, 2000: 194). 사이버 공동체의 조직적 특성을 규범, 목적의 공유, 상호작용의 지속성, 리더의 존재 등이 존재하는 '강한 유대'와 그렇지 못한 '약한 유대'로 나눠 살펴본다면(이원태, 2004: 37), 인터넷상의 정당 혹은 정치적 결사체는 '매우 강한 유대'를 갖는 집단으로 구분할 수 있다. 그리고 이러한 동질성과 적극적 참여가 이들 집단 내에 안정적인 '사회자본'을 구축하도록 함으로써 보다 강한 결속력과 이념적 동질성을 갖도록 해 주고 있다.

그러나 이러한 특성은 근본적으로 인터넷 정치집단이 일정한 규모를 넘어서 대중적인 거대 조직으로 확대되는 것을 어렵게 한다. 다시 말해 온라인상의 정치 결사체 혹은 정당은 매우 강한 동질성과 적극적인 참여를 전제로 하고 있지만 그런 이유로 인해 대중적인 형태의 거대 정당이나 정치집단으로 성장해 나가는 데는 한계가 있을 수밖에 없다. 앞서 언급한 대로 이들 집단은 기존 정치권에서 만족스럽게 대표하지 못하는 '특정한' 정치적 가치를 추구하고 있기 때문에, 선거 승리를 위한 '포괄정당'적 형태로의 변모라든지 혹은 보다 '현실적이거나 타협적인' 태도 변화를 쉽게 용인하기 어렵다. 온라인 정치참여는 참여의 비용이 적은 만큼 불만이 생기는 경우 탈퇴(exit)로 인한 비용 역시 매우 낮기 때문에 이념적 동질감이나 목표의 공유라는 특성이 약화되거나 변모되는 경우 그만큼 쉽게 집단의 조직적 구성이 약화될 수도 있다. 따라서 매우 동질적이고 비교적 폐쇄적인 조직적 특성을 지닐 수밖에 없다는 점에서 대중적으로 보다 확산된 지지를 이끌어 내기는 쉽지 않을 것으로 보인다. 즉 기존 정당체계나 대의민주주의에 커다란 영향을 미칠 만큼의 거대한 조직이나 지지자들을 규합할 가능성은 그리 높아 보이지 않는다.

세 번째는 과연 온라인상에서 생성된 정당이나 정치적 결사체가 독자적인 정치세력으로 온라인상에서 규합된 집단이 존속할 수 있는가 하는 문제이다. 새로운 이슈의 출현은 종종 기존 정당정치에 의해 수용되고 흡수됨으로써 정책화되는 경우가 많다. 1989년 유럽 의회 선거에서 영국의 녹색당에 대한 지지율이 상승하게 되자 환경 문제에 대해 소극적이던 당시 집권 보수당에서 적극적으로 이 이슈를 채택함으로써 녹색당에 대한 지지율 상승이 일회성으로 끝나게 하는 데 영향을 미쳤다.

지금까지 우리나라에서 나타난 대표적인 인터넷 정치집단 역시 모두 기존 정치권에 흡수되었으며, 독자적인 세력으로 나아간 경우는 없었다. 노사모는 지금도 팬클럽으로 존재하지만 노사모 회원들 가운데 정치세력화를 원하는 이들은 노사모에서 이탈하여 국참연을 조직하였고 이들은 열린우리당 내의 한 세력으로 편입되었다. 개혁당은 처음부터 정당을 표방한 조직이었고 개혁당의 이름으로 유시민 후보를 보궐선거에 공천하여 당선시킨 바 있다. 인터넷에서 조직된 정당이 자체 후보를 공천하여 보궐선거에서 당선자까지 배출한 것은 독자적인 정치세력화와 관련하여 매우 흥미로운 사례로 볼 수 있지만, 또 한편으로는 당시 새천년민주당에서 그 지역에 후보자를 내지 않은 덕도 보았다. 일종의 연합공천으로 인한 혜택을 본 셈이다. 그리고 얼마 지나지 않아 개혁당 역시 열린우리당 창당에 참여하기로 함으로써 모두 기존 정치권에 흡수되었다. 이처럼 온라인상에서 형성된 정치적 결사체 혹은 정당이 얼마 지나지 않아 기존 정치권에 흡수된 것은 이들 집단이 성공적으로 등장하였지만 여전히 독자적으로 정당체계의 변혁을 이끌만한 역량을 갖추지 못하고 있음을 보여 주는 것으로 생각된다.

그런 점에서 볼 때, 이들이 기존 정당정치에 미친 보다 중요한 기여는 이들의 출현과 활동이 기존 정치권에 커다란 충격을 가져다줌으로써 기존 정당정치의 변화를 이끌어 내었다고 하는 데서 찾을 수 있다. 열린우리당이나 한나라당 모두 사이버 공간을 통한 지지의 확산과 지지자들의 규합을 매우 중시하게 되었고 또한 인터넷을 통해 형성된 집단이나 세력이 제창한 주요 이슈들을 수용하거나 인터넷상에서 적극적으로 활동해 온 활동가들을 자기 당으로 이끌어 들이려는 노력을 하게 되었다. 다시 말해 온라인을 통한 새로운 대안 정치세력의 출현은 그로 인해 기존 정당체계의 급격한 변혁이나 기존 정당의 붕괴를 초래하기보다는 기존 정치권의 유연성과 포용력을 증대시키는 방향으로 영향을 미치고 있다.

대의민주주의의 약화 여부와 관련해서 볼 때도 시민사회 내에서 자발적으로 생성된 정치 결사체와 그들이 제기한 이슈가 기존 정당정치를 통해 수용되거나 흡수되고 있는 모습을 보이고 있다는 점에서 기존의 대의제를 우회하거나 배제한 것은 아니며, 그런 점에서 직접민주주의의 특성이 강화되었다거나 혹은 인터넷 포퓰리즘이 부상하고 있다고 보기는 어려울 듯하다.

3. 소 결

이상에서 살펴본 대로 인터넷이 지리적 공간에 산재해 있던 유사한 생각을 갖는 이들을 쉽게 결집시켜 주는 기능을 하고 있고 새로운 정당이나 정치적 집단의 출현을 손쉽게 만들었다. 그러나 정치적 틈새시장을 활용할 수밖에 없다는 점에서 그 영향은 제한적이다. 앞서 살펴본 대로 인터넷을 통해 제기되고 많은 지지를 받는 이슈는 기존 정당이 흡수, 수용하면서 인터넷상의 새로운 정치결사체의 출현 혹은 출현 가능성이 기존 정당체계에 대한 실질적인 위협이 될 것으로 보이지는 않는다.

그러나 정보화의 발전이 이처럼 '손쉽게' 대안적 정치세력화가 가능하게 한다는 점에서 제한적이라도 그 영향력을 간과할 수는 없다. 정보화가 정당체계에 미치는 영향은 기존 정당구조를 변화시킴으로써 정당체계에 대한 직접적인 변혁으로 이끌기보다는 기존 정당정치의 조직적·구조적 대응을 강화함으로써 정당정치의 개방화와 참여의 제고를 이루는 데 기여하는 것이라고 요약할 수 있다.

정당정치가 제도화되어 있고 안정적인 영국의 경우에는 기존 정당이 인터넷 공간에서도 우위를 유지하고 있다. 이처럼 정당이 제도화된 곳에서 인터넷의 출현이 반드시 기존 정당체계에 위협이 되는 현상은 나타나지 않고 있으며 기존에 오프라인을 장악한 기존 정당이 오히려 유리한 입장에 놓인다(Davis, 2000: 193). 그러나 그동안 한국의 정당정치는 폐쇄적이고 상의하달 방식의 권위적이고 동원 중심의 조직적인 특성을 가졌다. 시민사회와의 연계가 매우 취약했던 것이다. 그러나 정보화로 인해 참여의 비용이 줄어들게 됨으로써 시민사회의 정치참여를 자극하는 경향이 생겨났고 정치적 의사표현과 참여가 확대되었다. 이러한 변화 속에서 이에 대응하려는 정당의 적극적인 노력이 2002년 대통령 선거를 기점으로 나타나고 있다. 온라인 공간은 정보획득과 여론 흐름을 파악하는 공간의 기능을 넘어 정당에 대한 참여를 높이고 지지세력을 규합하기 위한 경쟁의 장으로 인식되고 있다. 이 때문에 서구에서와 달리 우리나라에서는 오히려 실질적으로는 정당에 참여하는 자발적 당원 수가 증대하는 경향도 나타나고 있다. 인터넷을 통한 새로운 정치 대안세력의 등장 가능성이 정당정치의 활성화에 도움을 주고 있는 것이다.

그럼에도 불구하고 노사모나 개혁당의 성공적인 출현은 기존 정당정치를 뛰어넘는 새로운 정당이 언제라도 '저렴하고 쉽게' 출현할 수 있는 가능성을 열어 놓았다. 앞서 지적한 대로 그 구성원의 강한 동질성이나 명확하게 정의된 목표의 공유 등으로 인해 온라인에서 나타나는 정치 결사체는 대중성을 확보하는 거대 정당보다는 틈새시장을 겨냥하는 단일이슈 정당, 혹은 사회운동적 속성을 갖는 정당의 형태가 될 가능성이 더욱 커 보인다.

결국 인터넷이라는 매체가 기존 정당체계 외부의 대체 정치세력의 출현의 가능성을 높여 주고 있지만 보다 중요한 것은 기존 정당체계가 얼마나 수용력, 유연성을 갖느냐 하는 점에 달려 있다. 특히 제도적으로는 보다 비례성이 높은 선거제도가 채택된다면 새로운 정치세력이 의회 내 의석을 획득하고 제도권 정치에 진입할 가능성은 더욱 커지게 될 것이다. 이처럼 정보화는 정당체계가 과거처럼 폐쇄적이고 과점적 형태에 쉽게 안주하기 어렵게 만들고 있으며 새로운 이슈의 제기라든지, 소외층의 정치 세력화 등을 용이하게 됨으로써 정당체계를 보다 개방적으로 변모시키고 또한 정당 내부의 조직적 변화를 가속화시킬 수 있다는 점에서, 즉 정당체계의 개방성과 반응성을 높인다는 측면에서 긍정적인 효과를 낳고 있다. 즉 정보화가 정당체계, 그리고 나아가 대의민주주의 전반에 상당한 변화를 이끌고 있지만 기존 체계의 대응력이나 적응력을 함께 고려하면서 변화의 가능성을 살피는 것이 올바른 방법일 것이다.

제 8 장

결 론

제8장 결 론

1. 민주화의 진전과 인터넷 정치

지금까지 살펴본 대로 인터넷이 정당정치에 미치는 영향은 매우 다양하고 지대하다. 인터넷은 무엇보다 근대사회 이후 시민사회와 국가를 잇는 정치참여의 중심적 존재로 기능해 왔던 정당의 존재 이유에 대한 매우 심각한 도전을 제기하고 있다. 근대 대의민주주의 체제하에서 정당은 시민사회 내에 존재하는 이익을 결집하고 그 결집된 힘을 통해 권력의 장악을 도모해 왔다. 정당 스스로 정책 대안을 제시하기도 하지만 사회적으로 제시된 여러 가지 중요한 이슈나 요구를 수용하고 정책화하여 지지를 이끌어 내고자 했다. 또한 정당은 사회적으로 의미 있는 의제를 설정하고 그것을 통해 지지자들을 묶어 내는 중심적 기구로 기능해 왔다. 그리고 지구당을 중심으로 한 대중정당적 구조는 산재되어 있는 지지자들을 효과적으로 정치에 참여시키기 위한 조직적 기반이었다.

언론이나 시민단체 역시 사회적으로 중요한 의제를 설정하고 시민사회 내의 다양한 견해를 전달해 주는 중요한 역할을 수행해 왔다. 특히 우리나라에서 시민단체는 민주화 이후 "권위주의적 정치세력의 부패와 부도덕성에 저항함으로써 시민단체는 다른 어떤 집단보다 우월한 '도덕적 권위'를 부여받았던 것이다"(조대엽, 2005: 209). 민주화 이후 언론은 다른 어느 영역과 비교할 수 없을 정도로 커다란 자유를 누려 왔고 각 언론사가 표방하는 이념적, 정책적 색채의 편차도 커졌다. 그런 만큼 시민사회 내 존재하는 다양한 견해가 언론을 통해 표출되어 왔다.

그러나 인터넷의 등장 이후 정치체계 내의 이러한 '전통적인' 의사전달 매체의 영향력에는 변화가 생겨났다. 실제로 한 설문조사 결과에 따르면, 억울한 일은 당하면 어느 매체에 호소하겠느냐는 질문에 대해 '인터넷에 직접 올리겠다'는 응답이 39.6%로 가장 높았으며, 그 다음이 '시민단체에 알리겠다'는 응답으로 24.6%, '신문사 혹은 방송국에 알리겠다'는 응답은 13.7%였으며, '정당 또는 국회의원을 찾는다'는 응답은 0.2%에 불과했다. 연령별로 볼 때 젊은층일수록 이러한 응답의 경향은 더욱 분명하게 나타났다(강원택, 2003a: 409). 정당, 언론, 국회, 시민단체 등 전통적인 매체 대신 인터넷이 보다 효과적인 정치참여의 통로로 선호되고 있는 것이다. 정치적 주장을 제기하거나 지지자를 모으고 우호적인 여론을 형성하기 위해서는 정당, 언론, 이익집단 등 정치적 매개체에 의존할 수밖에 없었던 과거와는 달리 이제는 인터넷을 통해 직접 개인이 그 역할을 대신할 수 있게 된 것이다. 실제로 개인들은 정당이나 언론의 도움 없이도 중요한 의제를 사회적으로 설정할 수 있는 '능력'을 갖게 되었다.

> 컴퓨터와 인터넷을 포함하는 정보통신망의 급속한 발전, 확산은 다양한 의제들을 시민사회 내로 들여 왔고, 무엇보다 의제 선택이 아래로부터 시민사회에 의해 자율적으로 선택될 여지를 넓혀 주었다. 대표적인 사례가 '미군장갑차 여중생 사건'이라고 할 수 있다. 기존의 신문 방송들이 소홀히 취급함으로써 흐지부지될 뻔했던 이 사건이 중요한 정치·사회적 이슈화하며 궁극적으로 SOFA 개정과 평등한 한미관계 확보 요구로까지 이어졌던 것은 인터넷이 있었기에 가능했다(문지영, 2005: 248).

이 밖에도 사회적으로 중요한 사건들이 정당이 아니라 인터넷을 통해서 여론화되고 정책적 변화를 이끌어 냈다. 예컨대 2005년 4월 대구의 한 어린이집에서 폭행당한 어린이의 사진과 내용이 포털사이트와 대구지역 경찰청, 교육청 홈페이지에 올려지면서, 이 사건은 가히 폭발적이라고 할 수 있는 반응을 온라인상에서 불렀고 그 결과 국회에서 아동학대방지법 제정에 대한 논의가 벌어졌다. 2005년 1월의 서귀포의 부실 도시락 사건 역시 온라인상에 해당 사진을 공개하면서 사회적인 문제로 부각된 사례이다. 이후 학

24개 파워조직의 영향력과 신뢰도 *10점 만점

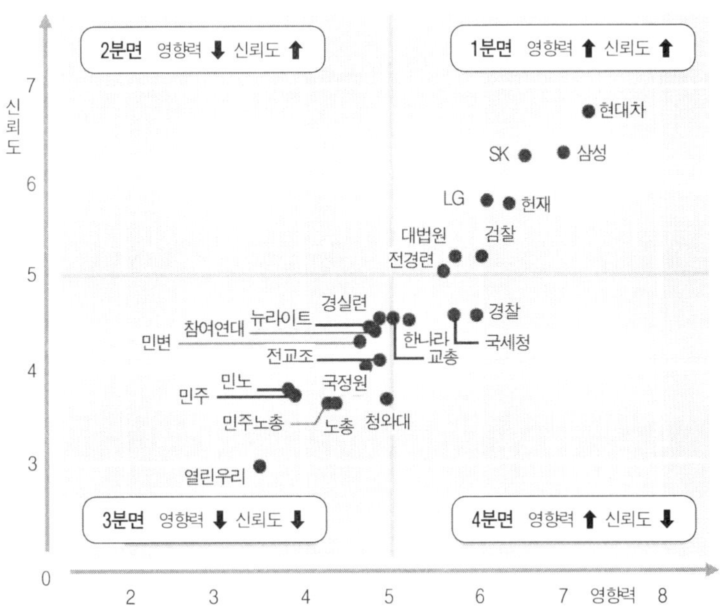

자료: 2006년 중앙일보, 동아시아연구원 공동조사자료.
http://article.joins.com/article/article.asp?total_id=2418424(검색일 2007. 4. 5).

<그림 8-1> 사회 파워조직의 신뢰도, 영향력 평가

교 급식 부실 신고센터가 설치되었고 정부가 급식 단가를 인상한다는 방침을 발표했다. 비슷한 시기인 2005년 1월 육군 훈련소에서 훈련병에게 인분을 먹게 한 사실이 훈련병의 가족을 통해 청와대와 국방부 홈페이지에 실리게 되면서 국방부 장관이 대국민 사과성명을 내고 국가인권위원회가 진상조사에 나서게 되었다(중앙일보, 2005. 5. 10. 기사 참조). 이 모두 중요한 정책 어젠다의 형성이 기존 매체가 아니라 인터넷에 의해 이뤄진 사례들이다.

그런데 인터넷이 정당을 대신하여 선호하는 정치참여의 수단이 된 것은 그 편리함과 신속함 등 소통매체로서 인터넷이 갖는 커다란 장점 때문이겠지만 이와 동시에 상황적인(contextual) 요인도 함께 존재한다. 앞서 제시한 설문조사의 결과에서도 알 수 있듯이 우리나라에서 인터넷이 정치적 소통 수단으로 널리 활용되는 것은 전통적인 매체에 대한 불신과도 깊은 관련이 있다.

〈그림 8-1〉에서 볼 수 있듯이, 주요 정당은 말할 것도 없고, 시민단체, 노조 등과 같이 전통적으로 시민사회의 요구를 정치적으로 결집하고 전달해 주던 기관들에 대한 국민들의 신뢰도가 매우 낮다는 것을 알 수 있다. 즉 전통적 매체에 대한 불만이 높아졌고 신뢰가 추락한 상황에서 기존의 정치적 매개집단 대신 인터넷이라는 효율적인 매체를 통해 교류하고 소통하게 된 것이다. 다음의 글은 이러한 특성을 잘 지적하고 있다.

> 공식적 커뮤니케이션에 대한 사회적 불신이 심화되면 제도적 커뮤니케이션 질서는 정통성의 위기를 맞게 되고 새로운 대안적 커뮤니케이션 통로의 모색이 가시화된다. 공식적이고 제도적인 커뮤니케이션 부문의 정통성이 약화되면 이와는 대립적인 대안적 커뮤니케이션 체제가 사회성원들에 의해서 새롭게 개척될 수밖에 없는 것이다. …인터넷이 우리 사회에서 빠른 속도로 오늘의 지위를 얻을 수 있었던 데는 오랜 시절 한국인들이 정서 속에 자리 잡아 왔던 대안

채널에 대한 갈망이라는 내재적 변수와 정치경제적 조건이 절묘하게 맞아 떨어진 것이라는 해석도 가능할 것이다(김은미 · 김현주, 2004: 15-16).

또 한편으로는 우리나라에서 인터넷이 큰 영향을 미치게 된 것은 우리 사회의 정치 · 사회적 변화와도 깊은 관련이 있다. 〈그림 8-1〉에서 보듯이 청와대, 국정원, 검찰, 경찰, 국세청 등 오랫동안 '권력기관'으로 여겨져 온 기관들의 영향력은 대기업에 오히려 뒤지는 것으로 인식되고 있다. 특히 한 때 무소불위의 권력의 상징이었던 청와대와 국정원의 영향력은 중간에도 미치지 못하는 것으로 나타났다. 이처럼 〈그림 8-1〉은 우리 사회가 민주화의 진전과 함께 '탈권위'의 사회로 접어들고 있음을 보여 주고 있다. 탈권위의 진행은 과거 권위주의 시대의 수직적이고 위계적인 사회질서에서 벗어나 다양한 사회적 행위자들 간의 수평적 네트워크와 참여에 기반한 거버넌스가 중시되고 있음을 의미하는 것이다. 인터넷은 바로 이러한 탈권위와 참여, 수평적 네트워크라고 하는 시대적 흐름에 잘 어울리는 매체라고 할 수 있다. 그런 점에서 볼 때 우리나라에서 나타나고 있는 인터넷을 통한 참여의 증대와 정치적 영향력의 확대는 단지 우수한 통신 인프라의 구축으로 인한 결과라고 볼 수만은 없으며, 이와 같은 정치 · 사회적 환경의 변화를 반영하고 있는 것이다. 그런 점에서 볼 때, 인터넷을 통한 정치참여는 앞으로도 더욱 다양한 모습으로 활성화될 것으로 예상된다.

2. 인터넷과 한국정치: 건강한 정당정치의 복원을 꿈꾸며

인터넷을 통한 정치참여는 이제 되돌릴 수 없는 시대적 흐름이 되었지만, 정치참여나 커뮤니케이션의 전통적인 매체들이 불신받고 그 자리를 인터넷이 대신 채워가는 현상은 결코 바람직한 것으로 보기 어렵다. 앞의 몇몇 장에서 살펴본 대로 이런 우려할 만한 현상이 이미 우리 사회에서 나타나고 있다.

우선 인터넷은 정당조직보다 인물 중심의 결집을 더욱 강화시킴으로써 전반적으로 정치적 요구 결집의 주체로서 정당의 기능 약화를 이끌고 있다. 제4장에서 본 대로 인터넷을 통한 정치인 팬클럽의 결성은, 그것이 자발적인 정치참여를 촉진시켰다고 하더라도, 기본적으로 인물을 중심으로 한 정치적 결집의 속성에서 벗어나기 어렵다. 원칙이나 이념을 토대로 하고 제도적으로 정치적 책임성을 확보할 수 있는 정당이 아니라, 정치인 개인을 중심으로 한 '비제도적인' 팬클럽을 통한 정치참여의 확대는 우려할 만한 결과를 낳을 수 있다. 정치적 책임성을 강요할 수 없다는 것은 그만큼 자의적이고 일시적인 특성을 지닐 수밖에 없을 것이기 때문이다. 정당이 아니라 인물 중심의 정치참여와 결집의 제도화라고 하는 측면에서 상당한 문제점을 갖고 있는 것이 사실이다.

또한 제6장에서 지적한 대로, 인터넷에서 나타나는 감성적 정치 역시 인터넷이라는 매체의 특성상 불가피한 측면이 존재하지만 동시에 적지 않은 우려도 존재한다. 감성을 자극하는 이슈나 소재가 인터넷 공간상에 큰 주목을 끌고 있지만, 이러한 특성이 현실 정치적으로 이용될 때는 인기를 위한 무책임한 포퓰리즘으로 변모할 수도 있기 때문이다. 앞에서 언급한 대로 '아군과 적군'을 구별하게 하는 분열적 이슈나 혹은 민족주의와 같은 예민한 감성적 이슈를 내던짐으로써 인터넷 공간 내의 정치참여를 활성화시키고 이를 정치인 개인에 대한 지지로 연결시키려는 시도를 할 수 있는 것이다. 이러한 우려는 우리 정당정치의 낮은 제도화 수준과 깊은 관련이 있지만, 역으로 이런 경향이 정당정치를 더욱더 취약하게 만들 수도 있다.

앞서 언급한 2002년의 미선, 효순 사건, 2005년의 독도를 둘러싼 한일관계의 악화 등은 모두 민족주의와 관련되어 있어 매우 감성적이고 즉각적인 반응을 불러일으켰던 사건들이다. 그러나 이런 사안이 발생하는 경우 정치권에서 이성적이거나 장기적인 고려하에 대중의 여론과 상반되는 논의를 제기하는 모습은 찾아보기 힘들게 되었다. 오히려 몇 해 전 국적법 개정 논란에서 보듯이 정치권에서는 여론에 편승하는 이슈를 확대 재생산하고 그런 과정을 통해 여론의 주목을 받으려 하는 경향이 나타나고 있다. 다시 말해 사회적으로 중요한 어떤 이슈가 제기되었을 때 정당이 인터넷을 통해 형성되고 확산된 감성적인 여론에 대응하여 차분하고 이성적인 대안을 제시하고 여론을 이끌어 가기란 어렵게 된 것이다. 대의민주주의하에서 여론형성의 핵심적 기제인 정당은 인터넷 등장 이후 그 역할이 크게 위축된 셈이다. 특히 노무현 정부 출범 이후 정당의 당내 통제력과 결속이 과거에 비해 크게 낮아진 상황에서 개별 정치인의 돌출적인 행동의 가능성은 더욱 커지고 있다. 17대 총선 이후 새로운 신진 정치인이 대거 정치권에 진입했고, 정당 민주화의 진행과 함께 당 중진의 영향력도 쇠퇴했다. 과거에는 정당 지도자의 대통령 만들기가 당내 구성원들이 공유한 목표였지만 지금은 개별 정치인의 독자적인 입지 구축이 보다 중요한 문제가 되었다. 이처럼 정당정치의 약화와 인터넷을 통한 여론 형성의 중요성이 커진 상황에서 대중에 영합하는 야심 있는 정치인의 존재가 보다 부각될 수밖에 없는 구조로 변화되어 가고 있다. 즉 합리적이고 이성적인 논의나 판단보다 소위 '튀는' 행동을 통해 자신의 존재를 부각하고 국민의 감성에 편승하는 것이 정치적으로 성장하는데 보다 유리하다는 판단을 할 수 있는 것이다. 포퓰리즘의 우려는 이러한 점에서 제기될 수 있다.

이처럼 인터넷을 통한 정치적 참여의 활성화는 우리나라의 취약한 정당정치를 더욱 약화시킬 수 있는 위협이 되고 있지만 현실적으로 이러한 흐름에 대해서 정당이 적절하게 대응하기 어렵다는 점에서 문제의 심각성이 있다. 특히 앞의 제5장에서 살펴본 대로, 인터넷을 통한 정치참여의 특성이 개인화, 세분화, 다양화의 특성을 지님으로써 상황의 변화에도 불구하고 정당의 조직적 대응을 어렵게 하고 있다. 기존의 대중정당 조직은 집단적 정체성과 공유된 정체성을 부여해 주는 계급과 같이 다수를 하나로 묶어 주는 '패키지'에 의존해 있다는 점을 고려할 때, 다품종 소량 판매라는 롱테일 정치의 특성에 조직적으로 잘 맞지 않는 것으로 보이기 때문이다. 과거에는 집단적 정체성, 위계적 조직 등을 통해 정당이 당원들을 통제하고, 여러 가지 사회적인 이슈 가운데 필요한 것을 선택해서 이를 정치적인 지지로 동원하고자 해 왔으나, 인터넷을 통한 '롱테일 정치'에서는 과거와는 달리 정당 외부에서 파편화되고 다양화된 이해관계가 정치적인 중요성을 갖고 표출될 수 있게 되었기 때문이다. 그런 점에서 인터넷을 통한 정치활동의 활성화는 대중정당이 전통적으로 유지해 온 계급 등 집단적 정체성에 기초해 온 이익표출의 기능에 대한 도전이 되고 있다.

정당정치에 대한 이러한 변화는 물론 당장 눈앞으로 다가온 위기라고 할 수 없을지도 모른다. 그러나 인터넷은 정당의 존재 기반을 잠식해 가기 시작했으며, 출현 이후 상대적으로 짧은 시간동안 이미 심각하고 근본적인 변화를 만들어 내고 있다.

그러나 인터넷을 통한 정치참여의 활성화가 이처럼 정당정치의 기본을 약화시키는 결과를 초래하는 일은 결코 바람직하다고 보기 어렵다. 인터넷이 아무리 정치참여와 정치적 소통을 위한 효과적인 매체라고 하더라도 인터넷이 정당을 근본적으로 대체하기는 현실적으로 불가능하기 때문이다. 무엇보다 심각한 문제점은 정치적 책임성(political accountability)과 관련된 것이다(이하 강원택, 2006a). 대의민주주의하에서 공공 사안에 대해 내려진 결정은 그로 인한 결과에 대해서 정치적으로 책임을 지도록 제도적으로 강요하고 있다. 정책결정을 내릴 수 있는 권한이 부여되어 있거나 정책결정에 참여하게 되는 사람들은 그 결정이 정치 공동체에 의도한 대로 효과적이고 바람직한 결과를 낳지 못하게 되면 그 결과에 책임을 지게 된다. 언론에서 잘못된 결정을 비판하거나 궁극적으로는 선거라고 하는 정치적 심판의 기회를 통해 공직을 박탈하게 된다. 이처럼 '면직'의 가능성이 상존하고 있고 주기적으로 그러한 정치적 책임 추궁의 기회가 반복되므로 주어진 임기 동안 최선을 다하게 되는 것이다. 그러나 인터넷을 통한 정치참여를 통해 집단적으로 중요한 결정이 내려질 때, 이성, 합리성을 전제로 하더라도, 내려진 정책결정에 대한 예기치 않은 결과가 생겨나거나 실패로 돌아갈 때 그에 대한 책임의 소재를 묻기가 어렵다는 것이다. 다수에게 책임이 분산되므로 정책결과에 대한 '상과 벌'의 개념으로 작동하는 정치적 책임성을 강제하기 어렵다. 인터넷 정치참여와 관련하여 포퓰리즘에 대한 우려가 제기되는 것도 바로 이러한 특성 때문이다. 이 밖에도 정치적 참여가 활성화되어 있다고 하더라도 대의민주주의에서 일인일표제(one person, one vote)라고 하는 것과 같은 영향력의 균등성, 등가성을 인터넷을 통한 정치참여에서는 제도적으로 마련하기 어렵다는 점도 문제점의 한 가지로 지적해 볼 수 있다.

그런 만큼 건강한 정당정치의 필요성은 인터넷을 통한 정치참여의 활성화와 함께 더욱 절실해지고 있는 것이다. 다음의 글은 서구의 정당정치가 직면한 여러 가지 변화에 대한 심도 있는 논의 끝에 내린 결론인데, 우리나라에서 인터넷 등장 이후 정당이 처한 위기에 대해서도 의미 있는 시사점을 주고 있다.

> 정당들은 이제 아마도 예전의 모습을 그대로 지니고 있지 않을 것이다. 또한 정당이 활동하는 사회 환경 역시 이전과는 같지 않다. 하지만 정당이나 사회 어느 것도 예견할 만한 미래에 급격하게 변화할 것으로 예상하는 것도 현실적이지 않다. 따라서 정당은 이런 변화에도 불구하고 상대적으로 높은 효용성(effectiveness)을 지닌 채 중요한 기능을 지속적으로 수행하고 있으며 대중의 선택과 통제의 중심적 메커니즘으로 남아 있다. 만약 선진 산업 민주 세계에서 정당들이 존재하지 않게 된다면, 의심의 여지없이 누군가 정당을 만들어 내야만 할 것이다(Webb, 2002: 458).

이처럼 건강한 정당정치는 인터넷 시대에도 바람직한 민주주의의 확립을 위해서 불가결한 존재인 것이다. 특히 우리나라처럼 정당정치의 제도화가 낮은 곳에서 정당의 경쟁력과 생존력을 강화하는 일은 정치 발전을 위해서도 매우 중요한 일이다. 그러나 이 책에서 살펴본 대로 인터넷의 등장은 근대적인 조직적 특성을 갖춘 정당의 역량과 대응력을 크게 낮추었다. 이전에 겪지 못한 새로운 환경의 변화 속에서 어려움을 겪고 있는 것이다. 이러한 새로운 조건 속에서 정당정치가 풀어야 할 과제는 결국 인터넷으로 인해 초래된 정치적 환경 변화의 특성을 제대로 파악하고 그 특성에 따라 정당의 운영과 조직적 특성을 전면적으로 변화시키는 일이다. 그러나 앞에서 논의한 대로 이는 근대적 패러다임으로는 좀처럼 쉽게 해결할 수 없는 과제이다. 인터넷 등장 이후 변화된 국가와 시민사회와의 결합, 연계에 대한 근원적인 인식의 전환이 없다면 인터넷 등장으로 인해 초래된 위기를 정당이 쉽게 극복하기 어려울 것이다. 정보화 시대에 적합한 정당정치에 대한 새로운 패러다임의 모색이 절실히 필요한 시점이다.

참고문헌

국내문헌

강원택. 2007. "인터넷과 정치참여: 정당정치에 대한 영향을 중심으로". 『정보화정책』 제14권 제2호. pp. 101-114.

강원택. 2006a. "한국의 정당은 과연 살아남을 수 있을까?". 『한국의 전망』 제3호. pp. 124-137.

강원택. 2006b. "인터넷과 정치참여: 정당정치에 대한 영향을 중심으로". 한국행정학회 추계학술대회 발표논문. 서울산업대학교.

강원택. 2005a. "정보화, 정당정치와 대의민주주의: 변화 혹은 적응?". 『한국과 국제정치』 제21권 제3호. pp. 127-149.

강원택. 2005b. 『한국의 정치개혁과 민주주의』. 인간사랑.

강원택. 2004. "인터넷 정치집단의 형성과 참여: 노사모를 중심으로". 『한국과 국제정치』 제20권 제3호. pp. 161-184.

강원택. 2003a. 『한국의 선거정치: 이념, 지역, 세대와 미디어』. 푸른길.

강원택. 2003b. "정당의 공직 후보 선출과 당내 민주화". 심지연 편. 『현대 정당정치의 이해』. 백산서당, pp. 239-266.

강정인 · 이현우 · 이원태. 2002. "정보화와 한국인의 의식변화: 네티즌의 동호회 활동을 중심으로". 『한국과 국제정치』 제18권 제4호. pp. 99-131.

권기덕. 2007. "웹 2.0이 주도하는 사회와 기업의 변화". 삼성경제연구소 CEO Information 588호.

권기헌. 1999. "지식정보사회와 정치인". 『의정연구』 제5권 제21호. pp. 6-30.

김선미. 2005. "1인 미디어가 사회적 관계망 형성에 미치는 영향에 관한 연구: '싸이월드' 사례를 중심으로". 연세대학교 언론홍보대학원 석사학위논문.

김연철. 1999. "정보화 사회와 한국 정당의 변화 방향". 『의정연구』 제5권

제1호. pp. 31-56.
김용철. 2003. "한국과 미국 정당들의 인터넷 선거 운동과 경쟁 양상". 한국정치학회 하계학술회의 발표논문.
김용철 · 윤성이. 2005. 『전자민주주의: 새로운 정치패러다임의 모색』. 오름.
김용철 · 윤성이. 2004. "제17대 총선에서 인터넷의 영향력 분석: 선거관심도와 투표참여를 중심으로". 『한국정치학회보』 제38집 제5호. pp. 197-216.
김용철 · 윤성이. 2000. "인터넷의 정치적 활용과 16대 총선". 『한국정치학회보』 제34집 제3호. pp. 129-147.
김용호. 2004. "네티즌 포퓰리즘이냐, 새로운 형태의 정치참여인가?: 「노사모」 사례 연구". 『2004 IT정책연구 자료집: 정보기술과 정치, 사회의 변화』. 정보화 정책자료 2004-3, 한국전산원, pp. 74-91.
김은미 · 김현주. 2004. "인터넷상에서의 사회적 의사소통 양식과 합의 형성". IT의 사회 · 문화적 영향 연구: 21세기 한국 메가트렌드 시리즈 04-54. 정보통신정책연구원.
김일영. 2004. "참여민주주의인가 신자유주의적 포퓰리즘인가". 『의정연구』 제10권 제1호. pp. 115-144.
김종길. 2005. "사이버공론장의 분화와 숙의민주주의의 조건". 『한국사회학』 제39집 제2호. pp. 34-68.
김종길. 2003. "'안티사이트'의 사회운동적 성격 및 새로운 저항 잠재력의 탐색". 『한국사회학』 제37집 제6호. pp. 145-175.
김종길 · 김문조. 2006. 『디지털 한국 사회의 이해』. 집문당.
김현정 · 원용진. 2002. "팬덤 진화 그리고 그 정치성: 서태지 팬클럽 분석을 중심으로". 『한국언론학보』 제46집 제2호. pp. 253-278.
남석훈. 1999. "정보화 사회와 국회: 국회 행정정보화를 중심으로". 『의정연구』 제5권 제21호. pp. 77-110.
노사모. 2002. 『노무현을 사랑하는 사람들의 모임: 노사모 길잡이』.
노혜경 외. 2002. 『유쾌한 정치 반란, 노사모』. 개마고원.
문지영. 2005. "정보화 시대 한국의 시민사회: 성장, 변화, 전망". 『사회과학연구』 제13집 제1호. pp. 228-261.
민경배. 2001. "인터넷 시대 대안미디어의 현 단계와 가능성: 오마이뉴스의 실험을 어떻게 볼 것인가". 한국대학원생대표자협의회 춘계대안

아카데미 학술특강자료집: 정보화, 정치 그리고 사이버문화.
박선희. 2004. "인터넷 정치 뉴스의 이용: 이용패턴과 이용자 특성". 『한국언론학보』 제48권 제3호. pp. 436-483.
방희경. 2006. "한 사이버 공간의 소수적인 문화를 위하여: '사이버 폐인' 들의 다르게 정치하기". 『사회연구』 제11권. pp. 47-74.
배 영. 2002. "사이버공간의 사회자본: I사 포럼 분석을 중심으로". 연세대학교 사회학과 박사학위논문.
송경재. 2005. "네트워크 시대의 정치참여: 탄핵정국 디시인사이드 정치토론 게시판을 중심으로". 『담론 201』 제8권 제3호. pp. 123-160.
송경재. 2004. "한국의 사이버 공동체와 정치참여에 관한 연구". 경희대학교 정치외교학과 박사학위논문.
서현진. 2003. " 한국과 미국 정당의 온라인 활동". 한국정치학회 하계학술회의 발표논문.
우메다 모치오. 이우광 옮김. 2006. 『웹진화론: 세상을 바꿀 엄청난 변화가 시작됐다』. 재인.
유석진. 2002. "정보사회의 정치과정". 사이버커뮤니케이션학회 춘계학술대회 발표논문.
유석진 · 이현우 · 이원태. 2005. "인터넷의 정치적 이용과 정치참여: 제17대 총선에서 대학생 집단의 매체 이용과 투표참여를 중심으로". 『국가전략』 제11권 제3호. pp. 141-169.
윤성이. 2005. "정보화 시대의 온라인 미디어의 역할: 온라인 정치참여 제도화의 차원에서". 『국제평화』 제2권 제2호. pp. 3-36.
윤성이. 2003. "한국과 미국의 온라인 정치공동체 활동". 한국정치학회 하계학술대회 '온라인 정당활동과 선거운동의 바람직한 방향' 발표논문.
윤성이. 2001. "정보사회의 명암과 시민사회의 역할". 한국정치학회, 한국사회학회 공동학술회의 발표논문.
이동신. 1996. "커뮤니케이션과 정치사회화". 이동신 · 박기순 편. 『정치커뮤니케이션 원론』. 법문사, pp. 41-74.
이원태. 2004. "인터넷 정치참여에 관한 연구: 2004년 한국의 제17대 총선 정국을 중심으로". 서강대학교 박사학위논문.
이장영 · 박용미 · 이은실. 2006. "개인 웹 페이지를 매개로 한 친교행위에 영향을 미치는 요인–'싸이월드' 대학생 이용자의 '일촌관계' 분석을 중심으로". 『정보와 사회』 제9호. pp. 1-33.

이현우. 2002. "인터넷과 사회자본의 강화를 위한 선거참여: 미국 2000년 대선의 경우". 『한국정치학회보』 제36집 제3호. pp. 309-331.

임병규. 1999. "정보사회와 한국 전자민주주의". 『의정연구』 제5권 제21호. pp. 111-137.

임혁백. 2001. "정보화 사회와 민주주의: 한국 정치의 새로운 패러다임". 한국정치학회 편. 『정보사회와 정치: 새로운 정치 패러다임의 모색』. 오름, pp. 15-46.

임화란. 2005. "인터넷 게시판에서 토론이 활성화되고 있는 이슈의 성격에 관한 연구: 한국과 영국의 인터넷 게시판 토론 사이트 비교". 이화여자대학교 석사학위논문.

장우영. 2006. "정치적 기회구조와 사회운동: '총선연대'와 '노사모'의 사이버액티비즘을 중심으로". 『정보화정책』 제13권 제3호. pp. 49-68.

장우영. 2004. "온라인 저널리즘의 정치적 동학: '논객 사이트'를 중심으로". 한국정치학회추계학술회의 '정보화 진전에 따른 뉴거버넌스 연구' 발표논문.

정동규. 2004. "인터넷과 선거참여: 온/오프라인 정치참여의 상호작용". 한국정치학회 춘계학술회의 '17대 총선과 정치개혁' 발표자료집. pp. 133-150.

정병기. 2003. "독일 정당의 온라인 활동과 인터넷 선거운동". 『한국정치연구』 제12집 제2호. pp. 193-211.

정상호. 2002. "세대정치: 4·19, 68, 그리고 386". 노혜경 외. 『유쾌한 정치 반란, 노사모』. 개마고원, pp. 85-110

정연정. 2002. "인터넷과 집단행동의 논리: 올슨의 집단행동의 논리를 중심으로". 『한국정치학회보』 제36집 제1호. pp. 69-86.

정연정. 2001. "선거과정에서의 인터넷 활용에 관한 연구". 김영래 편. 『정보사회와 정치』. 오름, pp. 97-128.

정연정·조성대. 2004. "한국 네티즌의 주요 구성과 정치적 특성: 17대 총선을 중심으로". 『국가전략』 제10권 제3호. 117-146.

조대엽. 2005. "시민사회와 권위: 시민(운동)단체의 정당성 위기와 새로운 권위의 전망", 조대엽·박길성 외. 『한국사회 어디로 가나: 권위주의 이후의 권위주의, 그 대안의 모색』. 굿인포메이션, pp. 203-238.
조성대 · 정연정. 2006. "사이버커뮤니티와 정보접근, 그리고 정치참여: 17대 총선과정에서 나타난 인터넷의 정치적 효과". 『한국과 국제정치』 제22권 제2호. pp. 29-62.
조화순. 2005. "17대 총선과 소수 집단의 사이버 액티비즘". 『의정연구』 제11권 제2호. pp. 121-146.
조 흡. 2002. "카니발적 가치를 추구하는 노사모". 노혜경 외. 『유쾌한 정치 반란, 노사모』. 개마고원, pp. 211-238.
천선영. 2002. "노사모에 대한 사회학적 단상: 예고된 딜레마". 노혜경 외. 『유쾌한 정치 반란, 노사모』. pp. 257-273.
홍성걸. 1999. "전자민주주의 시대에 새로운 국회의 역할". 『의정연구』 제5권 제21호. pp. 57-76.

국외문헌

Anderson, Chris. 2006. *The Long Tail: Why the Future of Business is Selling Less of More.* 이노무브그룹 외 옮김. 『롱테일 경제학』. 랜덤하우스.
Arterton, Christopher. 1987. *Teledemocracy: Can Technology Protect Democracy?.* Newbury Park. CA: Sage.
Barber, Benjamin. 1984. *Strong Democracy: Participatory Politics for a New Age.* London: University of California Press.
Benjamin, Gerald. 1982. "Innovation in Telecommunications and Politics". in Benjamin ed. *The Communications Revolution in Politics.* New York: Academy of Political Science.
Bentley, Arthur. 1908. *The Process of Government.* Chicago: University of Chicago Press.
Cairncross, Frances. 1999. *The Death of Distance: How the Communications Revolution Will Change Our Lives.* 홍석기 역. 『거리의 소멸@디지털 혁명』. 세종서적.
Chadwick, Andrew. 2006. *Internet Politics: States, Citizens, and New Communication Technologies.* Oxford: Oxford University Press.
Corrado, Anthony and Charles Firestone(eds.). 1996. *Elections in Cyberspace: Toward a New Era in American Politics.* Washington, DC: The Aspen Institute.
Cunha, Carlos, Irene Martin, James Newell and Luis Ramiro. "Southern European Parties and Party Systems, and the New ICTs". in

Gibson, Nixon and Ward(eds.). *Political Parties and the Internet*. pp. 70-97.

Dahlberg, L. 2001. "The Internet and Democratic Discourse: Exploring the Prospects of Online Deliberative Forums Extending the Public Sphere". *Information Communication and Society*. vol. 4, no. 1. pp. 615-633.

Dalton, Russel and Martin Wattenberg(eds.). 2000. *Parties without Partisans: Political Change in advanced Industiral Democracies.* Oxford: Oxford University Press.

Davis, Richard. 2000. "The Political Impact of the Internet: The American Experience". in Gibson and Ward eds. *Reinvigorating Democracy*. pp. 189-203.

Davis, Richard. 1999. *The Web of Politics: The Internet's Impact on the American Political System.* Oxford: Oxford University Press.

Davis, Richard and Diane Owen. 1998. *New Media and American Politics.* Oxford: Oxford University Press.

Davis, Steve, Larry Elin, and Grant Reeher. 2002. *Click on Democracy: The Internet's Power to Change Political Apathy into Civic Action.* Boulder: Westview.

Epstein, Leon. 1967. *Political Parties in Western Democracies*. New York: Frederick Praeger.

Gibson, Rachel, Paul Nixon and Stephen Ward(eds.). 2003. *Political Parties and the Internet: Net Again?*. London: Routledge.

Gibson, Rachel and Stephen Ward. 2000. *Reinvigorating Democracy? British Politics and the Internet.* Aldershot: Ashgate.

Gibson, Rachel and Stephen Ward. 1998. "UK Political Parties and the Internet: Politics as Usual in the New Media". *Harvard International Journal of Press/Politics*. vol. 3, no. 3. pp. 14-38.

Gunther, Richard and Larry Diamond. 2001. "Types and Functions of Parties". in Gunther and Diamond(eds.). *Political Parties and Democracy.* Baltimore: The Johns Hopkins University Press, pp. 3-39.

Hill, J. and K. Hughes. 1998. *Cyberpolitics: Citizen Activism in the Age of the Internet.* Lanham: Rowman & Littlefield.

Hirschman, Albert. 1970. *Exit, Voice and Loyalty.* Cambridge, Mass.: Harvard University Press.

Katz, Richard and Peter Mair. 1995. "Changing Models of Party Organisation and Party Democracy". *Party Politics*. vol. 1, no. 1. pp. 5-28.

Katz, Richard and Robin Kolodny. 1994. "Party Organization as a Empty Vessel: Parties in American Politics". in Katz and Mair(eds.). *How Parties Organize: Change and Adaptation in Party Organizations in western Democracies.* London: Sage, pp. 23-50.

Kirchheimer, O. 1966. "The Transformation of Western European party Systems". in La Palombara and M. Weiner(eds.). *Political Parties and Political Development.* Princeton: Princeton University Press, pp. 177-200.

Koku, Emmanuel, Nancy Nazer and Barry Wellman. 2001. "Netting Scholars: Online and offline". *American Behavioral Scientist.* vol. 44, no. 10. pp. 1752-1774

Lawson, Kay and Peter Merkl(eds.). 1988. *When Parties Fail: Emerging Alternative Organizations.* Princeton: Princeton University Press.

Lazarsfeld, P., B. Berelson and H. Gaudet. 1944. *The People's Choice.* New York: Columbia University Press.

Lipset, Martin and Stein Rokkan. 1967. "Cleavage Structures, Party Systems and Voter Alignments: An Introduction". in Lipset and Rokkan(eds.). *Party Systems and Voter Alignments.* New York: Macmillan, pp. 1-64.

Lynch, P. 1996. "Professionalization, New Technology and Change in a Small Party: The Case of the Scottish National Party". in Denver et al., *British Parties and Elections Yearbook 1996.* London: Frank Cass, pp. 217-233.

Mair, Peter. 1997. *Party System Change: Approaches and Interpretations.* Oxford: Clarendon Press.

Margolis, Michael, David Resnick and Jonathan Levy. 2003. "Major Parties dominate, minor parties struggle: US elections and the Internet". in Gibson, Nixon and Ward(eds.). *Political Parties and the Internet.* pp. 53-69.

Margolis, M, D. Resnick and J. Wolfe. 1999. "Party Competition on the Internet: Minor versus Major Parties in the UK and USA". *Harvard International Journal of Press/Politics.* vol. 4, no. 4. pp. 24-47.

Masuda, Yoneji. 1985. "Computopia". in Tom Forester ed. *The Information Technology Revolution.* Cambridge, Mass.: The MIT Press, pp. 620-634.

McCaughey, Martha and Michael Ayers(eds.). 2003. *Cyberactivism: Online Activism in Theory and Practice.* London: Routledge.

Morris, Dick. 1999. *Vote.Com: How Big Money Lobbyists and the Media Are*

Losing Their Influence, and the Internet Is Giving Power Back to the People. Los Angeles: Renaissance Books, 이형진 역. 2001. 『Vote. Com: 인터넷과 직접민주주의, 그리고 쌍방향 대화』. 아르케.

Mossberger, K., C. Tolbert and M. Stansbury. 2003. *Virtual Inequality: Beyond the Digital Divide.* Washington D.C.: Georgetown University Press.

Naisbitt, John. 1986. *Megatrends: Ten New Directions Transforming Our Lives.* New York: Warner Books.

Norris, Pippa. 2003. "Preaching to the Converted? Pluralism, Participation and Party Websites". *Party Politics*. vol. 9, no. 1. pp. 21-45.

Norris, Pippa. 2001. *Digital Divide: Civic Engagement, Information Poverty and the Internet Worldwide.* Cambridge: Cambridge University Press.

Norris, Pippa. 2000. *A Virtuous Circle: Political Communication in Postindustrial Societies.* Cambridge: Cambridge University Press.

Nye, Jr. Joseph. 2004. *Soft Power: The Means to Success in World Politics.* New York: Public Affairs.

Olson, Mancur. 1965. *The Logic of Collective Action: Public Goods and the Theory of Groups.* Cambridge, Mass.: Harvard University Press.

Panebianco, Angelo. 1988. *Political Parties: Organization and Power.* Cambridge: Cambridge University Press.

Putnam, Robert. 2000. *Bowling Alone: The Collapse and Revival of American Community.* New York: Simon & Schuster.

Rash, W. 1997. *Politics on the Net: Wiring the Political Process.* New York: W. Freeman.

Resnick, D. 1999. "The Normalisation of Cyberspace". in Toulouse and Luke(eds.). *The Politics of Cyberspace*. London: Routledge, pp. 48-68.

Rommele, Andrea. 2003. "Political Parties, Party Communication and New Information and Communication Technologies". *Party Politics*. vol. 9, no. 1. pp. 7-20.

Rosenstone, Steven and John Hansen. 1993. *Mobilization, Participation and Democracy in America.* New York: Macmillan.

Sartori, Giovanni. 1976. *Parties and Party Systems: A Framework for Analysis.* London: Cambridge University Press.

Scarrow, S. 1996. *Parties and their members.* Oxford: Oxford University Press.

Schattschneider, E. E. 1942. *Party Government.* New York: Holt Rinehart & Winston.

Schwartz, E. 1996. *Netactivism: How Citizens Use the internet.* Songline

Studios: Sebastopol, CA.

Seyd, P. and P. Whitely. 1992. *Labour's Grassroots*. Oxford: Clarendon Press.

Smith, Colin. 1998. "Political Parties in the Information Age: From mass party to Leadership Organization?". in Snellen and van de Donk (eds.). *Public Administration in an Information Age*. Amsterdam: IOS Press.

Smith, C. 1998. "Political Parties in the Information Age: From Mass Party to Sunstein". C. 2001. *Republic.com*. Princeton: Princeton University Press.

Tkach-Kawasaki, Leslie. 2003. "Politics@Japan: Party Competition on the Internet in Japan". *Party Politics*. vol. 9, no. 1. pp. 105-123.

Toffler, Alvin. 1981. *The Third Wave*. New York: Bantam, 원창엽 역. 2006. 『제3의 물결』. 홍신문화사.

Van Dijk, J. and K. Hacker. 2003. "The Digital Divide as a Complex and Dynamic Phenomenon". *Information Society*. vol. 19, no. 4. pp. 315-326.

Ward, Stephen and Rachel Gibson. 2003. "On-line and On Message? Candidate Websites in the 2001 General Election". *British Journal of Politics and International Relations*. vol. 5, no. 2. pp. 188-205.

Ward, Stephen, Rachel Gibson and Paul Nixon. 2003. "Parties and the Internet: an overview". in Gibson, Nixon and Ward(eds.). 2003. *Political Parties and the Internet: Net Again?*. pp. 11-38.

Ware, Alan. 1996. *Political Parties and Party Systems*. Oxford: Oxford University Press.

Webb, Paul. 2002. "Conclusion: Political Parties and Democratic Control in Advanced Industrial Societies", in Webb, Farrell and Holiday (eds.). *Political Parties in Advanced Industrial Democracies*. Oxford: Oxford University Press, pp. 438-460.

Winner, Langdon. 1984. "Mythinformnation: Romantic Politics in the Computer Revolution". *Research in Philosophy & Technology*. vol. 7. pp. 287-304.

저자 소개

강원택(康元澤) 서울대학교 지리학과 졸업
영국 런던정경대학(LSE) 대학원 정치학박사
전 숭실대학교 정치외교학과 교수
현재 서울대학교 정치학과 교수
kangut@ssu.ac.kr

아산재단 연구총서 제243집

인터넷과 한국정치:

정당정치에 대한 도전과 변화 값 9,000원

2007년 9월 20일 1판 1쇄
2011년 1월 25일 1판 2쇄

저 자 강 원 택
발 행 인 임 동 규
발 행 처 **집 문 당**
주 소 413-756 경기도 파주시 교하읍 문발리 514-7(본사)
110-360 서울시 종로구 와룡동 95번지(서울사무소)
등 록 1971. 3. 23. 제406-2003-000039호
영 업 부 (02)743-3192~3 팩스(02)742-4657
전자우편 sale@jipmoon.co.kr
편 집 부 (02)743-3096 팩스(02)743-3097
전자우편 edit@jipmoon.co.kr
홈페이지 www.jipmoon.co.kr

ISBN 89-303-1346-9

이 도서의 국립중앙도서관 출판시도서목록(CIP)은 e-CIP 홈페이지
(http://www.nl.go.kr/cip.php)에서 이용하실 수 있습니다.(CIP제어번호: CIP2007002758)

아 | 산 | 재 | 단 | 연 | 구 | 총 | 서

1 전환기의 중국경제
김윤환 외 | 단국대 경제학과

2 폴란드 경제의 변천 개혁과 그 전망
김광수 | 숭실대 경제학과

3 재소한인
이광규 외 | 서울대 인류학과

4 소련산림과 임업
홍성천 외 | 경북대 임학과

5 아세안의 정치경제
김국진 외 | 외교안보연구원

6 태국의 사회변동과 경제발전
최석만 외 | 전남대 사회학과

7 중국의 사회경제 통계분석
신한풍 외 | 고려대 통계학과

8 중국의 정치와 경제
박두복 외 | 외교안보연구원

9 동유럽의 개혁과 시장경제의 도입
허만 외 | 부산대 사범대학

10 동유럽의 개혁운동
박영신 | 연세대 사회학과

11 현대 러시아 연구
기연수 외 | 한국외대 노어과

12 전략적 선택과 기업의 국제경쟁력
이장호 | 서강대 경영대학

13 협동사회의 정착과 정부의 역할
이종범 외 | 고려대 행정학과

14 한국 제조기업 생산성의 동적 분석
노부호 외 | 중앙대 경영대학

15 분배의 정의
변형윤 외 | 서울대 경제학과

16 도덕적 행동의 강화
이훈구 외 | 연세대 심리학과

17 관료부패와 통제
김해동 외 | 서울대 행정대학원

18 한국경제의 내실 있는 성장
정창영 외 | 연세대 경제학과

19 한국국민정신운동의 역사와 발전방향
박수명 외 | 부산대 사범대학

20 한국대학생의 가치성향과 상담효과
이영희 외 | 숙명여대 교육학과

21 가출청소년과 학교관리체제
안창규 외 | 부산대 교육학과

22 동북아 정세변화와 한 · 일관계
한승조 외 | 고려대 정치외교학과

23 언론과 부정부패
정대철 외 | 한양대 신문방송학과

24 한국의 고등학교 교육
이원호 외 | 부산대 교육학과

25 가족과 방송
김학수 외 | 서강대 신문방송학과

26 재정개혁의 전망과 재산세제의 개편 과제
오연천 | 서울대 행정대학원

27 청소년을 위한 전자게임 프로그램의 규제 및 평가체계 개발
박혜원 외 | 울산대 가정관리학과

28 정신장애자 가족의 사회심리적 특성
이근후 외 | 이화여대 의과대학

29 가족의 관계역동성과 문제인식
이광규 외 | 서울대 인류학과

30 현대인과 한국전통음식
승정자 | 숙명여대 식품영양학과

31 기업의 초고속정보통신망활용
안중호 | 서울대 경영학과

32 지역발전을 위한 교육자치제의 개선방안
김남순 | 조선대 사범대학

33 전환기의 공무원 가치관
조경호 | 울산대 행정학과

34 지방자치와 사회복지의 과제
김영모 | 중앙대 사회복지학과

35 WTO체제하의 지방중소기업 지원정책
최명주 외 | 계명대 통상학부

36 현대한국의 시민운동
이효선 | 중앙대 사회학과

37 기업 세계화의 단계 및 정도의 측정
허영도 외 | 울산대 경영학과

38 가족복지를 위한 가족주치의 시범사업의 효과
이혜리 외 | 연세대 가정의학교실

39 한국대학생의 삶의 만족도
김재은 외 | 이화여대 교육심리학과

40 지역경제와 지역산업구조의 개편방향
정기화 외 | 전남대 경제학부

41 중국기업의 소유형태별 경영특성
노철화 외 | 부산대 무역학과

42 남북한의 인성 · 사상교육
한승조 외 | 고려대 정치외교학과

43 연계적 뇌기능 조언을 위한 의료용 멀티미디어 시스템의 설계
유선국 | 연세대 의용공학교실

44 다민족국가의 민족문제와 한인사회
최협 외 | 전남대 인류학과

45 저소득층지역 청소년 여가문화와 소집단 활성화
박문수 외 | 서강대 사회학과

46 삶의 질의 국제비교와 지역간 비교분석
이재기 외 | 울산대 경제학과

47 21세기 지역주민의 삶의 질
양종회 외 | 성균관대 사회학과

48 삶의 질에 대한 국가간 비교
조명한 외 | 서울대 심리학과

49 외국인 노동자의 노사관계와 사회적 적응
석현호 외 | 성균관대 사회학과

50 한국의 사법제도와 발전 모델
정종섭 | 건국대 법학과

51 고령화사회와 중상층 노인의 사회활동
조성남 외 | 이화여대 사회학과

52 한국의 서비스 시장 개방정책
한홍렬 | 한양대 경제학부

53 한국과 AFTA간의 교역증진 및 경제 협력방안
손일태 외 | 경희대 경제통상학부

54 물류비 절감을 위한 무역업체의 정보화전략
이영수 외 | 경북대 경제통상학부

55 사회주의 체제전환과 사회정책
오정수 외 | 충남대 사회복지학과

56 남북통일 이후 농업생산체계 개편
홍성규 외 | 건국대 농업경제학과

57 국제화와 세계화
하영선 외 | 서울대 외교학과

58 IMF 개혁정책의 평가와 한국경제의 신(新) 패러다임
조동근 | 명지대 경제학과

59 구조개혁과 실업대책
박동운 | 단국대 경제무역학부

60 21세기 신노사관계
심윤종 외 | 성균관대 사회학과

61 학교에서의 집단 따돌림
이춘재 외 | 가톨릭대 심리학과

62 한국노인의 정신건강실태와 건강증진
조맹제 외 | 서울대 의과대학

63 혁명과 개혁 속의 중국 농민
김광억 | 서울대 인류학과

64 중국의 경제환경과 한국기업의 진출 전략
지용희 외 | 서강대 경영학과

65 김대중 대통령의 시스템 사고
김동환 | 중앙대 공공정책학부

66 실업과 가족해체
최일섭 외 | 서울대 사회복지학과

67 합리적 부채비율 조정방안
오상근 | 동아대 경제학과

68 한국 중산층의 생활문화
문숙재 외 | 이화여대 소비자 · 인간발달학과

69 계층간 갈등상태에서 최적소득세
김진욱 | 건국대 경상학부

70 글로벌 경쟁력 제고를 위한 기업전략과 조직구축
이만우 외 | 고려대 경영학과

71 의료보험과 국민연금의 관리효율화를 위한 통합방안
사공진 외 | 한양대 경제학부

72 정부개혁의 과제와 전략
박우서 외 | 연세대 행정학과

73 책임운영기관 제도에 관한 비교분석
김근세 | 가톨릭대 행정학과

74 새로운 패러다임하에서의 한국기업의 바람직한 지배구조
최운열 외 | 서강대 경영학과

75 현대 한국사회의 계층구조
양춘 외 | 고려대 사회학과

76 한국의 산업정책과 산업구조조정
강인수 | 숙명여대 경제학부

77 기업구조조정
김석진 | 경북대 경영학부

78 지식경영을 위한 인적자원 개발 및 관리체계
장영철 | 경희대 경영학부

79 뉴 비즈니스 모델
전성현 | 국민대 정보관리학부

80 중산층의 정체성과 소비문화
함인희 외 | 이화여대 사회학과

81 외국관광객 유치를 위한 마케팅 전략
박상규 | 강원대 경영학과

82 한국인의 세대별 문학의식
이동순 | 영남대 국문과

83 공공부문의 효율성 평가와 측정
김재홍 외 | 울산대 사회과학부

84 한국 청소년의 정치의식과 형성요인
김광웅 외 | 숙명여대 아동복지학과

85 한국 대학생의 정치의식
배한동 | 경북대 윤리교육과

86 산업의 정보화와 산업발전
이가동 | 계명대 통상학부

87 한국 제조업의 고용조정 분석
이종원 외 | 성균관대 경제학부

88 지식자산에 대한 경영전략적 평가모형 개발
배재학 외 | 울산대 컴퓨터 · 정보통신공학부

89 관광사업을 위한 한국적 이미지의 휴식복 개발
채금석 | 숙명여대 의류학과

90 한국 정치제도의 개혁
신정현 | 경희대 사회과학부

91 e비즈니스와 아웃소싱 전략
정승화 외 | 연세대 경영학과

92 집단 따돌림의 진단 및 치료방안
홍준표 | 중앙대 인간생활환경학과

93 16대 총선과 낙선운동
조기숙 | 이화여대 국제대학원

94 부동층 유권자 행태 분석
진영재 | 연세대 정치외교학과

95 사이버 공동체의 성공요인
이재관 | 숭실대 경영학부

96 온라인 소비자 행동의 이론과 실증
윤성준 | 경기대 경영학부

97 글로벌 시대 정약용 세계관의 가능성과 한계
차성환 | 한일장신대 역사사회학과

98 러시아의 체제전환 과정에서 나타난 국가의 역할과 그 전망
이상민 외 | 부산대 정치외교학과

99 남북한의 경제발전 수준과 산업구조 비교, 그리고 경제교류 협력방향
주성환 | 건국대 경제학과

100 집단따돌림과 교육해체
한준상 | 연세대 교육학과

101 공적연금제도의 효율성과 개선방안
유금록 | 군산대 행정복지학부

102 벤처기업-대기업의 성공적인 협력 모델
나중덕 | 경산대 경영학과

103 북한의 재외동포정책
조정남 외 | 고려대 정치외교학과

104 사이버 공동체 형성의 역동적 모형
장용호 | 서강대 신문방송학과

105 기업이론과 기업의 소유지배구조
김일태 외 | 전남대 경제학부

106 가축분뇨 자원화를 위한 공동이용조직에 대한 농가선호도 분석
유덕기 | 동국대 생명자원경제학과

107 개혁정책과 전문가 집단
이경원 외 | 제주대 행정학과

108 현대 한국사회의 이중가치체계
신수진 외 | 이화여대 가정관리학과

109 한국의 산업구조 변화와 기업집단 다각화 전략
김용학 외 | 연세대 사회학과

110 지식정보사회의 경제적 모형 설정 및 사례 연구
김범환 | 배제대 경영정보학부

111 변호사징계제도
오종근 | 한림대 법학부

112 인터넷 특허법
김순석 | 광주대 법학과

113 e-비즈니스 시대의 금융 및 재정정책의 새로운 패러다임
이종욱 | 서울여대 경제학과

114 청소년의 하위문화와 정체성
조성남 | 이화여대 사회학과

115 디지털금융시대의 금융구조변화와 정부규제 및 정책
이충열 | 고려대 경제학부

116 지식경영을 위한 기업의 조직설계방안
김경수 외 | 전남대 경영학과

117 전자금융의 발달과 경제정책의 새로운 패러다임
이명훈 | 명지대 경제학과

118 동아시아의 안보와 유엔체제
강성학 편저 | 고려대 정치외교학과

119 유료 치매노인 그룹홈의 개발과 관련 정책
최정신 외 | 가톨릭대 소비자 · 주거학과

120 소비자 지향적 문화산업 정책
홍영준 | 호남대 광고홍보학과

121 국제 · 국가 · 지방 환경규제의 연계
정준금 외 | 울산대 행정학과

122 현행 회사 합병 · 분할제도의 평가와 개선방안
옥무석 외 | 이화여대 법학과

123 배려지향적 도덕성과 정의지향적 도덕성
정옥분 외 | 고려대 사범대학

124 기업구조조정에 대한 채권금융기관 및 금융감독기관의 역할과 책임
이중기 | 한림대 법학과

125 실업대책으로서 한국의 법정기준근로시간 단축
박영범 | 한성대 경제학과

126 프랑스어의 비분리성 소유개념 표현
노윤채 | 연세대 언어정보연구원

127 지방채의 효율적 관리방안
강태구 | 호원대 법행정학부

128 21세기 산업구조 변화와 과학기술정책
임채성 외 | 그리스도신학대 경영정보학부

129 인터넷 쇼핑몰 이용자의 불평행동
예종석 | 한양대 경영학부

130 한국기업의 성과급제도 현황, 효과 및 개선방안
김성수 | 서울대 경영학과

131 전자상거래와 소비자보호
서민교 외 | 경일대 인터넷국제통상학과

132 평생학습 사회에서의 인적자원개발을 위한 사회적 파트너십 구축
김영화 | 홍익대 교육학과

133 한국 공교육의 새로운 구상과 전략
권대봉 외 | 고려대 교육학과

134 한국의 정부개혁
김태룡 | 상지대 행정학과

135 지방정부 생산성 측정의 이론과 실제
이은국 외 | 연세대 행정학과

136 불가 시문학론
배규범 | 경희대 학술연구 교수

137 남북경제교류의 법적 문제
제성호 | 중앙대 법학과

138 경제위기와 청소년 발달
구인회 | 서울대 사회복지학과

139 생명과학기술의 응용과 기본권보호적 한계
정상기 외 | 한남대 법학과

140 경제발전과 정치환경의 한 · 일 비교분석
정갑영 외 | 연세대 동서문제연구원

141 한국 공교육의 진단
윤정일 외 | 서울대 교육학과

142 우리나라 지방자치 발전을 위한 자치단체장의 역할
정성호 외 | 경기대 사회과학부

143 의료보험제도의 개혁방안
권순원 | 덕성여대 경제학과

144 중등 도덕교육의 현실과 문제
손동현 외 | 성균관대 철학과

145 사이버공동체 발전론
이명식 | 상명대 경영학과

146 남북경협 확대에 대비한 북한 담보제도의 정비방안
박훤일 | 경희대 법과대학

147 한국 공무원 인사제도 개혁
김판석 | 연세대 행정학과

148 교사화법 교육
임칠성 외 | 전남대 국어교육과

149 세계화의 문화정치학
임혁백 외 | 고려대 정치외교학과

150 효과적인 e-SCM을 위한 의사결정 조정 시스템 모형
이원준 | 성균관대 경영학부

151 환경거버넌스
김종순 외 | 건국대 행정학과

152 자동차산업의 인적자원관리
이덕로 | 서원대 경영학부

153 한국과 영국 간 지식기반산업 비교
이명호 | 한국외대 경영학과

154 한국 벤처기업의 기술네트워킹 및 기술마케팅 전략
장영일 | 인제대 경영학부

155 회사변호사의 윤리
오승종 | 성균관대 법과대학

156 미디어교육론
이정춘 | 중앙대 신문방송학과

157 조선시대 서원과 양반
윤희면 | 전남대 역사교육과

158 환경문제와 철학
박찬국 | 서울대 철학과

159 노인보건복지 이론과 실제
김명 외 | 이화여대 보건교육학과

160 북한의 법체계
권재열 외 | 숭실대 법학과

161 생명공학기술의 안전성 확보에 관한 법적 고찰
이재협 | 경희대 법학부

162 청소년복지학
김성이 외 | 이화여대 사회복지학과

163 변화하는 세계, 변화하는 복지국가
조영훈 | 동의대 사회복지학과

164 의리의 윤리와 한국의 유교문화
김낙진 | 진주교대 도덕교육과

165 미국의 통상정책과 통상법
윤충원 | 전북대 무역학과

166 사회복지 프로그램 평가
김학주 | 경상대 사회복지학과

167 환경주의와 지속가능한 발전
정대연 | 제주대 사회학과

168 무역과 환경
김기홍 외 | 경기대 경제학부

169 산업계 유해폐기물의 위험과 관리
김금수 | 호서대 경상학부

170 백범 김구의 지적 계발과정 탐색
문용린 | 서울대 교육학과

171 태평양전쟁 발발 이후 일제의 인적 지배와 그리스도교계의 대응
윤선자 | 전남대 사학과

172 거버넌스 상황에서 갈등관리를 위한 대체적 분쟁해결제도
서순복 | 광주대 법정학부

173 시장경제의 유형과 민주주의
최배근 | 건국대 경상학부

174 일본고전소설 총론
김현정 | 국립한국전통문화학교

175 국어 교육을 위한 국어 문법론
이관규 | 홍익대 국어교육과

176 율곡의 군주론
전세영 | 부산교대 윤리교육과

177 동북아시아 환경협력
정서용 | 명지대 법학과

178 기후변화협약과 기후정책
신의순 외 | 연세대 경제학과

179 인터넷과 국제 학술정보 네트워크-하이퍼링크 분석
박한우 | 영남대 언론정보학과

180 국내 기업복지의 활성화 방안
최수찬 | 연세대 사회복지대학원

181 세계화와 인간안보
김우상 외 | 연세대 정치외교학과

182 세계문화유산 종묘 이야기
지두환 | 국민대 국사학과

183 한국 평생교육의 사회철학적 과제
곽삼근 | 이화여대 교육학과

184 강점모델
정순둘 | 이화여대 사회복지학과

185 글로벌시대의 계약법
박영복 | 한국외대 법과대학

186 배심제와 시민의 사법참여
안경환 | 서울대 법학과

187 동북아공동체
김재한 | 한림대 정치외교학과

188 정치 참여와 탈물질주의
김욱 | 배재대 정치외교학과

189 퍼지전문가회로망을 이용한 금융기관의 사이버 기업여신결정 지원시스템의 개발
권혁대 | 목원대 경영학과

190 환경정책과 환경법
송인성 | 전남대 지역개발학과

191 포스트모던 시대의 평생교육학
한숭희 | 서울대 교육학과

192 현대 한국인의 세대경험과 문화
박길성 외 | 고려대 사회학과

193 서구의 근로연계복지
김종일 | 건국대 사회복지학과

194 사회복지운동론
현외성 | 경남대 사회복지학과

195 외국의 역모기지 사례
유선종 | 건국대 부동산학과

196 옛이야기와 어린이문학
이지호 | 진주교대 국어교육학과

197 노인사회복지관광의 정책과제와 방안
김창수 | 경기대 관광학부

198 복지서비스의 민간위탁 시스템 분석
김순양 | 영남대 행정학부

199 새로운 빈곤층의 대두와 정부의 정책과제
김진욱 | 건국대 경제학과

200 문화행정론
김정수 | 한양대 행정학과

201 스칸디나비아 노인용 코하우징의 계획과 적용
최정신 외 | 가톨릭대 생활과학부

202 북한의 자연생태계
공우석 | 경희대 지리학과

203 통계로 이해하는 러시아
전홍찬 | 부산대 정치외교학과

204 사회복지법인의 경영과 회계
이동규 | 충남대 회계학과

205 의약분업 정책과정
차흥봉 | 한림대 사회복지학과

206 지역공동체와 평생교육
오혁진 | 동의대 평생교육학부

207 아동보호서비스의 실제
한미현 | 백석대 사회복지학부

208 그린마케팅
박재기 | 충남대 경영학부

209 아동권리와 아동복지
이혜원 | 성공회대 사회복지학과

210 국제 이주와 인도인 디아스포라
김경학 | 전남대 인류학과

211 질병과 의료의 사회학
조병희 | 서울대 보건대학원

212 북한이탈주민의 사회통합을 위한 지역복지실천의 모색
이기영 | 부산대 사회복지학과

213 치매노인케어론
조유향 | 초당대 간호학과

214 노인상담입문
서혜경 외 | 한림대 대학원 사회복지학과

215 '통일 이후 통일과정'으로서의 독일 통일영화
이준서 | 이화여대 독어독문학과

216 중국의 사회보장
오정수 | 충남대 사회복지학과

217 환경자원의 경제적 가치와 환경오염의 사회적 비용
김재홍 | 울산대 사회과학부

218 사회복지프로그램의 경제적 평가방법
박창제 외 | 상주대 사회복지학과

219 자유의지와 결정론
안건훈 | 강원대 철학과

220 심리학자들이 쓴 행복한 결혼의 심리학
채규만 외 | 성신여대 심리학과

221 현대 해석학 강의
양해림 | 충남대 철학과

222 한국인의 주거 빈곤과 공공주택
하성규 | 중앙대 도시 및 지역계획학과

223 IMF 경제위기와 한국 출산력의 변화
김두섭 | 한양대 사회학과

224 동아시아의 영토분쟁과 국제법
이석우 | 인하대 법학부

225 독일 복지국가와 사회복지서비스
정재훈 | 서울여대 사회사업학과

226 사회복지사를 위한 실용 비모수통계
엄명용 | 성균관대 사회복지학과

227 피해자학 연구
이윤호 | 동국대 경찰행정학과

228 광고언어창작론
박영준 외 | 부경대 국어국문학과

229 환경규제 패러다임의 전환
한철 | 한남대 법학과

230 고령사회의 노동환경변화와 고용시스템의 문제점 및 법적 대응
고준기 | 국립군산대 법학과

231 세계화와 소득불평등
이성균 외 | 울산대 사회과학부

232 유비쿼터스 사회의 이해
안중호 외 | 서울대 경영학과

233 국제환경책임법론
박병도 | 건국대 법학과

234 한국의 선거와 민주주의
윤종빈 | 명지대 정치외교학과

235 한국 시민운동의 구조와 동학
조대엽 외 | 고려대 사회학과

236 또래관계
송영혜 | 대구대 재활심리학과

237 해외 한국기업과 현지인 노동자
석현호 외 | 에스콰이아학술문화재단

238 독일 국가복지에서 민간복지단체의 역할과 의미
차성환 외 | 한일장신대 사회복지학부

239 청정공학
조정호 | 동양대 생명화학공학과

240 한국전통연희론
심상교 | 부산교육대 국어교육학과

241 정신장애와 가족
서미경 | 경상대 사회복지학부

242 빈곤통계의 작성과 활용
김주환 | 동국대 정보통계학과

243 인터넷과 한국정치
강원택 | 숭실대 정치외교학과

244 북한의 시장경제이행
정영화 외 | 서경대 법학과

245 시스템사고로 본 지속가능한 도시
문태훈 | 중앙대 도시및지역계획학과

246 실버산업과 유비쿼터스 컴퓨팅
고일상 | 전남대 경영학부

247 재활상담과 사례관리
나운환 | 대구대 직업재활학과

248 영유아교육기관에서의 장애 이해 교육
유수옥 | 우석대 유아특수교육과

249 장애의 사회적 의미와 사회통합
박수경 | 대진대 사회복지학과

250 경제분석의 수리적 기초
조인성 | 공주대 경제통상학부

251 비영리부문의 비교연구
김승현 | 서울산업대 행정학과

252 고등교육경제학
반상진 | 전북대 교육학과

253 과학윤리교육의 이론과 방법
조희형 | 강원대 과학교육학부

254 결혼이민자가족의 이해
김오남 | 대불대 사회복지학과

255 동아시아 국가의 공공부조
신동면 | 경희대 사회과학부

256 특수아동 진단 및 평가
이나미 | 대불대 특수교육과

257 계약형 사회복지와 권리옹호시스템
이명현 | 경북대 상주캠퍼스 사회복지학과

258 실내공기질 및 위해성 관리
양원호 | 대구가톨릭대 산업보건학과

259 충남 방언 문법
한영목 | 충남대 국어국문학과

260 교육권론
노기호 | 군산대 법학과

261 도시경관계획론
임승빈 | 서울대 조경 · 지역시스템공학부

262 교통의 새로운 패러다임
김형철 | 경원대 도시계획 · 조경학부

263 노인의 삶의 질 향상을 위한 주거환경 디자인
천진희 | 상명대 디자인대학 실내디자인전공

264 사회복지와 문화
박병현 | 부산대 사회복지학과

265 장애인복지의 이론과 실제
이선우 | 인제대 사회복지학과

266 창의성 개발을 위한 디자인교육 콘텐츠
김선영 | 인천가톨릭대 조형예술대학 환경디자인학과

267 구성주의 사회복지 실천 기술론
고미영 | 서울신학대 사회복지학과

268 장애아교육학
김기흥 | 부산교육대 유아교육과

269 지역사회복지와 자원부문
한상진 외 | 울산대 사회학과

270 환경관리회계
육근효 | 부산외국어대 회계학부

271 인권 관점에서 보는 장애인복지
유동철 | 동의대 사회복지학과

272 정신증상
송지영 | 경희대 의과대학병원 신경정신과

273 사이버공간의 사회심리학
이성식 외 | 숭실대 정보사회학과

274 노인에 대한 사회적 돌봄과 돌봄 서비스의 질 보장
최희경 | 신라대 가족노인복지학과

275 아동 심리치료의 실제
신현균 | 전남대 심리학과

276 사회복지와 위험관리
노충래 | 이화여대 사회복지전문대학원

277 국제 탄소시장의 이해
양승룡 | 고려대 식품자원경제학과

278 타자의 초상
신문수 | 서울대 영어교육과

279 한국정치와 환경정치
나정원 | 강원대 정치외교학과

280 북한이주민
윤인진 | 고려대 사회학과

281 음주의 사회경제적 비용
정우진 외 | 연세대 보건대학원

282 지방정치와 동북아 도시거버넌스
박재욱 | 신라대 행정학과

283 노숙인 복지론
남기철 | 동덕여대 사회복지학과

284 유럽통합과정과 지역협력
이규영 | 서강대 국제대학원

285 사회복지재정 연구
지은구 | 계명대 사회과학대학 사회복지학과

286 지역사회 교육개혁을 위한 시민사회 조직의 참여
김영화 | 홍익대 교육학과

287 복지사회를 대비한 국민연금의 구조개혁
박영석 외 | 서강대 경영학부

288 한미 FTA 지재권 협상에 따른 의약품 분야 사회후생 변화
오근엽 | 충남대 무역학과

289 산업입지, 환경 그리고 지역경제
이기동 외 | 계명대 국제통상학과

290 감성지능 개발을 통한 삶의 질 향상
김경수 외 | 전남대 경영학부

291 교육복지론
이용교 외 | 광주대 사회복지학부

292 인간과 행복에 대한 철학적 성찰
박찬국 | 서울대 철학과

293 유럽연합의 사회통합 사례와 교훈
이무성 | 명지대 정치외교학과

294 민영화와 사회후생
이상호 | 전남대 경제학부

295 북한의 교육학 체계 연구
최영표 외 | 동신대 교육대학원

296 한국 지속가능발전의 구조와 변동
정대연 | 제주대 사회학과

297 우리나라의 공익 연계 마케팅에 관한 연구
임승희 | 전주대 경영학부

298 시각장애인복지론
김영일 | 조선대 특수교육과

299 그린에너지와 환경촉매
정석진 | 경희대 화학공학과 교수

300 취약학교 초등학생을 위한 온라인 보건 교육 프로그램
박경옥 | 이화여대 보건관리학과

301 신탁제도를 통한 고령자의 보호와 지원
최수정 | 서강대 법학전문대학원

302 사회적 약자계층에 대한 실태분석 및 정책방안
이은우 외 | 울산대 경제학과

303 한류 문화와 동북아 공동체
최혜실 | 경희대 국어국문학과

304 노동유연화와 해고보호법
권혁 | 부산대 법학전문대학원

305 사회복지 위험관리의 이해
박미은 | 한남대 사회복지학과

306 의료기관의 회계와 세무
노준화 | 충남대 경영학부

307 여성인적자원의 전문성 확보를 위한 경력개발
백지연 | 이화여대 국제사무학과

308 정신병리
강선경 | 서강대 신학대학원

309 바다의 반란 적조
윤양호 | 전남대 해양기술학부

아 | 산 | 재 | 단 | 연 | 구 | 보 | 고 | 서

36 유럽의 통합정치
최수경 외 | 충남대 정치외교학과

37 유기질폐기물을 이용한 고단백사료원인 조류의 생산공정
최정우 외 | 서강대 화학공학과

38 초고속정보통신망의 수용성과 정책방향
박영상 외 | 한양대 신문방송학과

39 중국의 강남사회와 한중교섭
조영록 외 | 동국대 사학과

40 세계화시대의 사회 · 문화의식
신행철 외 | 제주대 사회학과

41 국내 외국인 노동자의 문제와 대책
성규탁 외 | 연세대 사회복지학과

42 노인인력 활용정책과 프로그램
김정후 외 | 강원대 법과대학

43 한일간 학술교류 현황과 활성화방안
정홍익 외 | 서울대 행정대학원

44 계량모형에 의한 한일 경제관계의 이해
김명직 외 | 한양대 경제학부

45 직장인의 음주행태와 삶의 질
진기남 외 | 연세대 보건행정학과

46 유통정보 시스템의 구조와 설계
정용길 | 충남대 경영학과

47 남북통일 이후 사회통합을 위한 교육의 역할
안기성 외 | 고려대 교육학과

48 대중음악에 심취한 청소년들의 심리적 특성
김인경 외 | 연세대 인간행동연구소

49 멀티미디어 시스템을 활용한 교육환경의 개선방안
김한일 | 제주대 컴퓨터교육학과

50 탈냉전기 한일관계의 쟁점
최상룡 | 고려대 정치외교학과

51 자치시대 새로운 '삶의 질' 지표의 모색
김형기 외 | 경북대 경제통상학부

52 유럽통합의 역내외 협력과 갈등
이호재 외 | 고려대 정치외교학과

53 21세기를 대비한 신노사관계
김재원 | 한양대 경제학부

54 대학의 시간제학생 등록제
안규철 외 | 전남대 교육학과

55 21세기에 대비한 방송통신정책
한진만 외 | 강원대 신문방송학과

56 주민참여를 통한 혐오시설 관리운영방안
박균성 외 | 경희대 법학부

57 여성의 정치적 권리인식과 정치참여
전경옥 외 | 숙명여대 정치외교학과

58 한국인 위장질환과 식생활 · 환경요인 및 *H. pylori* 감염과의 관계
이양자 외 | 연세대 식품영양학과

59 학생과 시민의 자원봉사활동
윤정일 외 | 서울대 교육학과

60 동북아 환경문제와 지역환경협력의 모색
신연재 외 | 울산대 정치외교학과

61 노인 자원봉사활동을 통한 사회통합 프로그램 개발
김동배 | 연세대 사회복지학과

62 물류정보 시스템
김태현 | 연세대 경영학과

63 전자식 문서교환을 이용한 항공화물 운송체계
민재형 | 서강대 경영학과

64 청소년과 성
이근후 | 이화여대 의과대학

65 민족통합과 무궁화호 위성의 남북한 공동활용방안
방정배 | 성균관대 신문방송학과

66 채식주의가 20대 여성의 영양상태와 에스트로겐 대사에 미치는 영향
성미경 | 숙명여대 식품영양학과

67 가상정보공간을 통한 지역개발 활성화 전략
유재천 외 | 한림대 언론정보학부

68 조산아 관리현황 및 정책수립 방안
박상기 외 | 조선대 의과대학

69 남북한관의 의식조사와 통일교육 개선방안
김동규 외 | 고려대 북한학과

70 동양 전통 자연사상 탐구
장동순 | 충남대 환경공학과

71 초고속정보망의 시뮬레이터 구현
한기준 | 경북대 컴퓨터공학과

72 유통원가 시스템의 유효성
정다미 | 명지대 경영학과

73 국악과 문화관광의 만남
정익준 외 | 동아대 국제관광통상학부

74 기업의 지식경영 활용사례
김창은 | 명지대 산업공학과

75 선진국과 한국의 직업교육 · 훈련제도의 특성과 한계
정주연 | 고려대 경제학과

76 제주지역 성인 여성의 자원봉사활동
이상철 외 | 제주대 사회학과

77 M&A와 문화충돌 관리
박원우 | 서울대 경영학과

78 폐금속광산 인근 주민들의 중금속 오염실태
정종학 외 | 영남대 의학과

79 북한 농촌 · 농업실태와 인력자원개발 시스템을 통한 북한 농민의 구호방안
박성열 | 건국대 교육공학과

80 중소 소매점의 경쟁력과 소매성과
채명수 외 | 한국외대 무역학과

81 고령자를 위한 쾌적한 실내온도와 착의량의 설정
정운선 | 안동대 의류학과

82 지역문화 이벤트 PR
박종민 | 경희대 언론정보학부

83 인터넷 지역정보화의 실태와 전략
유평준 외 | 연세대 행정학과

84 여성 삶의 질 향상을 위한 사회교육 활성화 방안
김양희 | 중앙대 가족복지학과

85 벤처기업과 벤처금융
강대석 외 | 충남대 무역학과

86 구조조정기에 있어서 실업대책과 사회안전망 구축
박천익 | 대구대 경제학과

87 한국 유아의 조기교육
이명조 외 | 한국외대 교육대학원

88 남북한 경제공동체 형성전략
이상만 | 중앙대 경제학과

89 지방자치회계의 투명성과 주민의 알 권리
권찬태 외 | 경북대 경영학부

90 정치지도자의 정책리더십
이해영 | 경일대 행정학과

91 경제위기와 한국인의 복지의식
신광영 외 | 중앙대 사회학과

92 북한의 노동
김강식 | 한국항공대 경영학과

93 우리나라 중소기업의 정보기술 활용 현황과 경쟁력 강화를 위한 제안
정승호 | 부산외대 정보시스템학과

94 인간배아복제의 법적 · 윤리적 문제점과 그 해결방안
최병규 | 한경대 법학부

95 가치변화에 따른 투표행태
조찬래 외 | 충남대 정치외교학과

96 인터넷 경매에서의 계약체결과 소비자보호
이기수 외 | 고려대 법과대학

97 세계화시대 남북한 통합의 방향과 과제
윤민재 | 서울대 사회발전연구소

98 글로벌 시대 지방정부의 문화마케팅 전략
박흥식 | 중앙대 행정학과

99 대졸여성실업의 실태분석 및 대학-노동 시장 간 효율적 연계방안
이은우 외 | 울산대 사회과학부

100 그린 투어리즘의 분석
이응진 | 대구대 관광학부

101 지방자치단체장의 부정부패
오일환 | 한양대 아태지역연구센터

102 산업화가 유교체제하 중국여성의 지위에 미친 영향
천성림 | 배재대 사회과학연구소

103 움직이는 말하기
유혜숙 외 | 나사렛대 교양학부

104 장애학생을 위한 특수교육공학의 활용
김용욱 | 대구대 중등특수교육과

105 지식기반사회의 평생교육 이해와 평생교육 프로그램 개발
박성열 | 건국대 교육공학과

106 N세대의 미술교육
김동철 | 대구교육대 미술교육학과

107 노후계획과 투자
권택호 | 여수대 국제통상학과

108 영화산업
양영철 | 경성대 연극영화학부

109 동유럽의 변혁과 언론의 역할
정대수 | 경남대 정치언론학부

110 환율, 임금, 물가가 국제경쟁력 및 수출입산업에 미치는 영향
하인봉 | 경북대 경제통상학부

111 일본기업의 기술혁신 전략
위정현 | 중앙대 상경학부

112 노후보장정책과 역저당연금제도
조덕호 외 | 대구대 행정학과

113 유비쿼터스 라이프와 미래 사회
김석수 | 한남대 멀티미디어공학과

114 죽음과 관련된 생명윤리적 문제들
구인회 | 가톨릭의과대 인문사회과학교실

115 경제적 세계화와 빈곤문제, 그리고 국가
김준현 | 한일장신대 인문사회과학부

116 한국의 세계불교유산
김종명 | 한국학중앙연구원 한국학대학원

117 복지레저서비스론
고태규 | 한림대 국제학부

118 자생적 철학체계로서 인간중심철학
선우현 | 청주교대 윤리교육과

119 전략적 통합과 한반도 평화체제
김승채 | 고려대 정책대학원

120 환경사법론
전경운 | 경희대 법학부

121 인터넷 자료를 통해 본 한국의 이혼 문화와 사회복지
성정현 외 | 협성대 사회복지학과

122 유럽연합의 사회정책에 관한 연구
문진영 | 서강대 신학대학원 사회복지학과

123 여성건강의 통합적 관점
김혜원 | 관동대 간호학과

124 복잡계 네트워크 과학
강병남 | 서울대 물리천문학부

125 경제적인 3세대 전원주택 개발
박근준 | 호서대 건축공학과

126 사회복지와 인적자원개발
이상일 | 인제대 국제경상학부